仮面ライダー大全

昭和編

[キャラクター大全 縮刷版]

50年の刻を経て、今

甦る正義の勇姿……。

仮面ライダー

仮面ライダー（旧1号）

1971年（昭和46年）4月3日～6月26日放映
（旧1号編）

嵐の男！

嵐とともにやってきた
悪を蹴散らす

制作スタッフ

原作／石森章太郎（現・石ノ森章太郎）企画／平山亨・阿部征司　脚本／伊上勝・市川森一・島田真之・滝沢真理・山崎久・長石多可男　監督／竹本弘一・折田至・北村秀敏・山田稔　音楽／菊池俊輔　撮影／山本修右・篠原征夫　照明／太田耕治　美術／三上陸男（エキスプロダクション）　録音／映広音響（太田克己）　編集／映広音響（菅野順吉）　現像／東映化学　記録／藤波マリほか　助監督／塚田正煕ほか　衣裳／東京衣裳　技斗／高橋一俊　殺陣／大野剣友会　進行主任／伊東暉雄・大里俊博　スタントマン／日本アクションクラブ（J.A.C.・三隅修）　オートバイ協力／室町レーシンググループ　制作担当／的野屋宗平・河野正俊　制作／毎日放送・東映

↑改造人間となった本郷は、脳改造前にショッカーを脱出し、人類を守る正義の戦士となった。

→仮面ライダーに変身する前でも、常人以上の戦闘力・感知能力を発揮する。

↓ショッカーの野望を察知し、その標的となった罪なき人々を救出することに全力を注ぐ。

↑ショッカーに捕らえられた本郷は、1週間に亘る手術を施され、最高ランクの改造人間となる。

（出演／藤岡弘〔現・藤岡弘、〕）

本郷 猛

改造人間となった悲しみを乗り越え、秘密結社ショッカーに挑む青年科学者！

知能指数600、スポーツ万能のオートレーサー！

　城北大学生化学研究室（第2話以降は、城南大学生化学研究所）に所属する青年科学者で、高い運動神経の持ち主でもあり、オートレーサーとしての技術は超一流。しかし、その優れた才能が仇となり、ショッカーに拉致され、仮面ライダーに改造されてしまう。

↑サイクロン号で遊園地の階段を
一気に駆け上り、敵陣に乗り込む。

↑ショッカーの改造人間と対決する力を
持ってはいるが、決定打は繰り出せない。

↑変形前のサイクロン号を手
足のように操り、敵を追跡。

↑改造直後は自身の力が制
御できず、敵に苦戦した。

↑人間蝙蝠のヴィールスに冒
された女性モデルを捕らえる。

↑女戦闘員の放つ毒矢の速度
を察知し、素早くかわした。

改造人間

風力エネルギーを体内に
取り入れ、超人に！

本郷 猛は、マシンの高速走行等でベルトの風車ダイナモに風圧を受け、それによって体内に蓄積されたエネルギーを改造筋肉に通し、仮面ライダーに変身。超人的な力を得るのだ。

本郷 猛！

↑グランプリでの優勝を目指し、常にトレーニングを行っている。

仮面ライダー（旧1号）　007

主要登場人物

立花藤兵衛
（出演／小林昭二）

オートレースのトレーナーで、改造人間となった本郷の理解者。

緑川 弘
（出演／野々村潔）

本郷を改造人間の素材としてショッカーに推薦した城北大学教授。

緑川ルリ子
（出演／真樹千恵子）

緑川教授の一人娘。本郷を父殺しの犯人ではないかと誤解する。

野原ひろみ
（出演／島田陽子）

ルリ子の親友で、彼女と同じ城北大学文学部に通う女子学生。

史郎
（出演／本田じょう）

立花が経営するスナック「アミーゴ」のバーテン。気が弱い。

滝 和也
（出演／千葉治郎）

本郷のオートレース仲間だが、その正体はＦＢＩの特命捜査官。

滝 洋子
（出演／桂 ルミ）

滝の愛妻。結婚式の直後にショッカーに襲われ、入院していた。

仮面ライダー（旧1号）

バッタの機能を有する戦闘用サイボーグ！

↑戦闘ポーズをとる事によって体内のエネルギーが最大限に発動する。

↑高いジャンプと空中回転で必殺技の威力を倍増させるのだ。

←改造人間となった親友と戦う事になった本郷（ライダー）は戸惑う。

→人工複眼のCアイは赤外線を放射し、暗闇でも見通せる。また、顔面のOシグナルは頭部の超触覚アンテナと連動した危険探知器。

←木の上に飛び上がり、戦闘員の攻撃を巧みに避ける。

↑垂直跳びで15m30cm、幅跳びで48m70cmの跳躍力を発揮する。

↑エネルギーが充填されると、Cアイが赤く光り輝く。

↑コブラ男に拉致された少年を敵のアジトから救出。

改造筋肉から発揮される戦闘力！

ショッカーが本郷 猛の体を素材として改造・完成させた戦闘用サイボーグで、バッタの機能を有している。改造筋肉から繰り出される驚異的な腕力、脚力、破壊力を駆使し、世界平和のために巨大なショッカーの組織に唯一人で挑戦していく。

↑アジトから脱出したライダーを倒すため、緑川ルリ子を拉致した蜘蛛男が初対戦の相手だった。

↑小河内ダムで展開された蜘蛛男との決闘。最終的には空中からの蹴りで敵を粉砕する。

↑人間を音波で支配できるヴィールスの実験を行う人間蝙蝠を追い詰める（実際は夜間）。

激突！

改造人間の能力を賭けた戦い！

ショッカー改造人間の追撃を
超戦力で迎え撃つ！

本郷は改造人間となった苦しみを乗り越え、世界制覇を企むショッカーに対して孤独な戦いを開始する。そして、組織の裏切り者である自分に攻撃を仕掛けてくるショッカーの改造人間を、超戦力で次々と撃破していった。

→砂丘でさそり男が指揮する戦闘員集団と激突。高低差を利用し、敵を投げ落として危機を逃れる。

←さそり男を空中へ蹴りあげ、必殺技・ライダーシザースを炸裂させた。

→ショッカーの多勢攻撃にも怯まず、岩の上で戦闘ポーズをとって戦闘開始。

↓戦闘員が作った人間やぐらの上から飛びかかってくるさそり男を投げ飛ばす。

↓敵の改造人間を肩に担ぎあげ、空中高く投げ飛ばす戦法を使用することもあった。

↑蔓を鞭のように振るい、襲いかかってきたサラセニア人間に敢然と立ち向かう。

↑かまきり男を追跡中、本郷の姿のまま対決。敵の分銅の鎖を腕に巻かれ、苦戦する。

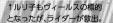

↑ルリ子もヴィールスの標的となったが、ライダーが救出。

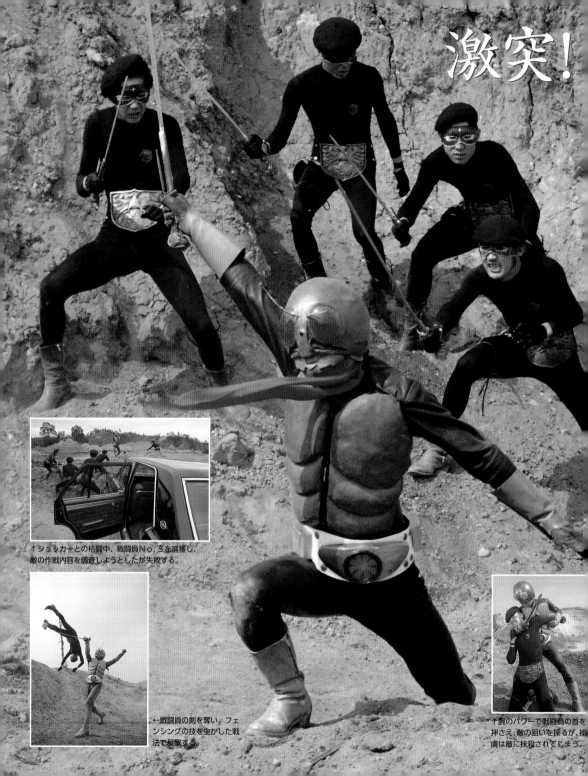

激突！

↑ショッカーとの格闘中、戦闘員No.3を捕獲し、敵の作戦内容を調査しようとしたが失敗する。

←戦闘員の剣を奪い。フェンシングの技を生かした戦法で反撃する。

↑腕のパワーで戦闘員の首を押さえ、敵の狙いを探るが、捕虜は敵に抹殺されてしまう。

↑ヒットラーの財宝の秘密が入ったナチスの鉄箱をめぐり、カメレオン男と対決。

↑大阪の万博跡で激しい戦いを展開（劇中ではライダーではなく、本郷）。

↑強烈な破壊力を持つライダーキックを蜂女に炸裂させ、崖下に叩き落とす。

→フェンシングの名手である蜂女に対し、仮面ライダーも剣の技で対抗する。

↑コブラ男の右手から伸びた蛇が首に絡みつき、ライダーは苦戦を強いられる（劇中にはないカット）。

↑過去の改造人間の長所だけを集めて生み出されたゲバコンドルに、一度は敗退してしまうライダー。

↑かつて仮面ライダーが倒した改造人間が破壊された箇所を修復され、再出現した。

↑ゲバコンドルを誘き出すため、立花とルリ子が乗ってきた自動車の上で、敵と激戦を繰り広げる。

↑再生されたヤモゲラスを、ライダーチョップの一撃で粉砕する。

↑東洋原子力研究所のバーリヤを破壊しようとするトカゲロンを倒した後、ライダー（本郷）は日本を離れ、海外に旅立つ。

サイクロン号（変形前）

通常は本郷 猛が乗用！

↑傾斜角90度の登攀能力を有し、急な階段を苦もなく上り下りできる。

↑切り立った崖なども難なく走破し、ショッカーのアジトを急襲する。

↑本郷はサイクロン号を走行させて風車ダイナモに風を受け、ライダーに変身する事が多い。

↑ライダーのベルトにあるパワースイッチで無人走行も可能。

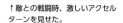

↑敵との戦闘時、激しいアクセルターンを見せた。

↑走行するショッカーの自動車を飛び越し、急停車させる。

ライダー変身後も戦闘時に登場！

　変身前の本郷猛が常用しているマシンで、レバースイッチを作動させることにより、サイクロン号へと完全変形する。基本的には仮面ライダーが乗るタイプではないのだが、高いジャンプや荒れ地での疾走時には、変身後のライダーが使用する事もある。

サイクロン号（Aタイプ）

（改修版）

左はオープニングと変身シーン
のみに登場したタイプ。右の改修
版は未使用となった。

↑ショッカーからの脱走者を救
出し、後部に乗せて敵から逃走。

↑サイクロン号を押しがけする
アクション等も行った。

サイクロン号（変形後）

変身時にも使用する高性能マシン！

その製作者は不明！

仮面ライダーが乗る高性能マシンだが、その製
作者は、立花藤兵衛、緑川教授、ショッカー科学
陣の3説があり、真相は不明。200馬力のジェッ
トエンジンを搭載し、最高時速は300kmを誇る。

↑30mのジャンプ力があり、敵
に空中突進攻撃等を敢行する。

秘密結社 ショッカー

世界制覇を企てる悪の組織！

改造人間による世界の支配を狙う！

世界のあらゆる場所に網が張り巡らされている悪の組織で、各国に支部を持っている。その狙いは、優れた人間たちを改造して意のままに操り、世界制覇を成し遂げることであり、目的を果たすために要人の誘拐や暗殺、施設の破壊、金品の強奪等を実行していく。

ショッカー首領

（声の出演／納谷悟朗）

幹部たちにも姿を見せず、鷲のエンブレムから指令を伝える謎の存在。

ハインリヒ博士

（出演／A・ウンガン）

ショッカー科学陣のチーフであり、「ライダー殺し」の罠を考案する。

ショッカー戦闘員

ショッカーの下級兵士。改造人間の指示に従い、悪の作戦を実行する。

女戦闘員

改造人間の素材となる人物の捕獲や、社会での暗躍が主な使命。

ショッカー科学陣

ナチスドイツで研究されていた移植技術を用い、改造人間を造り出す。

綾小路律子

（出演／新井茂子）

生物学者であり、コブラ男を再生するため、動物の血液を集める。

ショッカー 改造人間（怪人）

知力・体力が優れた人間に動植物・昆虫の機能を移植し、改造手術を施した姿。ショッカー各支部の幹部としての地位を持ち、首領が立案した作戦を部下の科学者、戦闘員を指揮して遂行する。

怪奇 蜘蛛男
（声の出演／槐柳二）

ショッカーの改造人間第1号。本郷猛を拉致し、アジトに連行する事が使命。口から強い糸や毒針を吐き出す。

人間蝙蝠 （吸血 蝙蝠男）
（声の出演／峰恵研）

鋭い牙で人間に噛みついて体にヴィールスを注入し、音波で誘導して本郷を襲わせた。巨大な羽根で空中を飛行。

怪人 さそり男 （さそり人間）
（声の出演／池水通洋）

ショッカーからの脱走者を匿にし、本郷を抹殺するM1号作戦を実行。尻尾から溶解液を出す人喰い蠍を操る。

サラセニア人間 （人喰い サラセニアン）
（声の出演／梶哲也）

熱帯植物園の食虫植物キングサラセニアに変身し、人間を次々と誘拐する。全身に生えた蔓を鞭のように振り回す。

残忍 かまきり男
（声の出演／辻村真人）

核爆弾・かまきりの卵を使って大地震を発生させ、日本全土を壊滅させる作戦を行う。巨大な鎖鎌が武器。

カメレオン男 （死神カメレオン）
（声の出演／沢りつお）

日本に隠されたヒットラーの宝を手に入れようとする。保護色を利用して姿を消し、舌を伸ばして敵を攻撃。

妖怪 蜂女
（声の出演／沼波輝枝）

特殊感覚装置を取り付けた眼鏡を社会にばらまき、それをつけた人間を音波で操り、毒ガス工場で働かせる。

残酷 コブラ男
（声の出演／水島晋）

全世界の金を強奪し、ショッカーの手中に収めることが使命。伸縮自在の右腕の蛇から赤い溶解ガスを噴出する。

吸血 ゲバコンドル
（声の出演／谷津勲）

過去にライダーに倒された改造人間の長所を選りすぐって生み出された強力怪人。空中を時速200kmで飛行。

殺人 ヤモゲラス
（声の出演／水島晋）

物理学者が考案した殺人光線・デンジャーライトを使って日本の制空権を奪おうとした。白い凝固粉を吐く。

怪力 トカゲロン （とかげ男）
（声の出演／堀田眞三）

重さ5kgのバーリヤ破壊ボールで東洋原子力研究所を攻撃しようとする。強靭な脚力で必殺シュートを放つ。

改造コブラ男
（声の出演／水島晋）

コブラ男が復元手術で再生された姿。口から炎を出す。

再生怪人軍団

ライダーに敗退した蜘蛛男からヤモゲラスまでが復活。

本郷 猛に代わって
日本を守る
新たな戦士！

制作スタッフ
原作／石森章太郎（現・石ノ森章太郎）企画／平山 亨・阿部
征司 脚本／伊上 勝・島田真之・滝沢真理・山崎 久・塚田
正熙・鈴木生朗・大野武雄・石森史郎・長谷川公之 監督／
折田 至・山田 稔・内田一作・田口勝彦・塚田正熙 音楽／
菊池俊輔 撮影／篠原征夫・川崎龍治 照明／太田耕治 美
術／三上陸男・高橋 章（エキスプロダクション）仕上げ製
作／映広音響 録音／太田克己 編集／菅野順吉 選曲／武
田正彦 現像／東映化学 オートバイ協力／大橋春雄 記録
／紀志一子ほか 助監督／長石多可男ほか 衣裳／東京衣裳
技斗／高橋一俊 殺陣／大野剣友会 進行主任／伊東暉雄・
大里俊博 スタントマン／日本アクションクラブ（J.A.C.）
制作担当／的野屋宗平・河野正俊 制作／毎日放送・東映

仮面ライダー

仮面ライダー（旧2号）
1971年（昭和46年）7月3日～1972年（昭和47年）3月25日放映
（旧2号編）

一文字隼人

（出演／佐々木　剛）

自身の苦境を笑顔で隠し、悪と戦い続けるカメラマン！

↑基本的には陽気で社交的な都会派青年で、自身が改造人間にされた苦悩を表面には出さない。女性を撮影しない事がカメラマンとしての信条。

↑抜群のオートバイテクニックを持ってはいるが、立花藤兵衛には素人扱いされる。

↑子供に対する優しさは人一倍強く、信頼を裏切らない。私生活はマンションでの一人暮らし。

柔道5段、空手6段の実力を誇る猛者！

優れた格闘術を身につけた青年で、職業はフリーのカメラマン。ショッカーによって拉致され、打倒仮面ライダー（本郷　猛）用改造人間にされてしまったが、脳改造前に本郷によって救出され、正義の戦士、第2の仮面ライダーとして立ち上がった。

↑意外と努力家で、人知れず必殺技の特訓をするような一面を持っている。

↑日本支部の初代大幹部、ゾル大佐と大決戦を展開する。

↑ＦＢＩの滝和也は、隼人にとって戦友的存在である。

↑変身ポーズをとり、ジャンプすることでライダーに変身する。

↑変装して敵地に潜入するが、捕らえられてしまった。

↑ショッカーの動きを調査し、滝とともに悪の野望を砕く。

↑飛行するヘリコプターから飛び下りても、傷一つ負わない。

↑3体の再生改造人間の襲撃から科学者を守り抜く。

全身に漲る闘志！

優れた運動神経が抜群の破壊力を生む!

一文字隼人は、改造手術の影響で元々身につけていた武道の技の破壊力が格段に高まり、仮面ライダーに変身しなくてもショッカーの改造人間と互角に対決できる。戦闘員の武器を奪い、反撃する事も多く、それ故にショッカーから強敵と恐れられていた。

↑改造人間の怪力による猛攻で、負傷する事もある。

主要登場人物

マリ（出演／山本リンダ）
ひろみに誘われて立花レーシングクラブに入会した女性。フェンシングが得意。

ミチ（出演／中島かつみ）
男顔負けの猛女。ショッカー戦闘員を90ccのオートバイで果敢に追跡する。

立花藤兵衛（出演／小林昭二）
立花レーシングクラブの主宰者。一文字隼人の活動を陰で支える人物である。

ユリ（出演／沖わか子）
空手初段の腕前を持つ、レーシングクラブ会員。戦闘員との対決も多い。

滝和也（出演／千葉治郎）
FBIから日本に派遣された特命捜査官で、その任務はショッカーの殲滅。

石倉五郎（出演／三浦康晴）
レーシングクラブに出入りする少年。お調子者だが、学校の成績は優秀らしい。

野原ひろみ（出演／島田陽子）
本郷と緑川ルリ子が日本を離れた後は、立花レーシングクラブの事務を担当。

エミ（出演／高見エミリー）
スイスで本郷の助手をしていたが、来日後はレーシングクラブの事務を担当。

史郎（出演／本田じょう）
アミーゴが閉店したため、立花オートコーナーに勤務していたが、後に姿を消す。

ミカ（出演／杉林陽子）
エミとともに来日し、クラブのメンバーとなる。トランプ占いが得意。

↑1号より後に製作されたため、一部の能力は強化されたようだ。

↑スノーモービル等、あらゆるマシンの運転に長けている。

↑火炎放射を浴びても、体はまったく傷つかない。

↑抜群の反射神経を持ち、後転で改造人間の攻撃をかわす。

↑敵への怒りが爆発すると改造筋肉が躍動し、怪力を発揮する。

↑蓄熱能力や放電能力、潜水活動能力も身につけているようだ。

ショッカーの別計画を追って海外へ旅立った本郷に代わり、日本の守りについた第2の仮面ライダー。基本的な能力は1号と大きな差異はないが、隼人が元来持つ優れた運動神経や基礎体力が人工的に増幅された事により、1号を凌ぐ戦闘力を有している。

↑ライダーファイト、ライダーパワーという
ポーズで戦闘力を発動させ、敵を威嚇する。

↑敵のオーロラ光線
を浴び、視力を奪わ
れた事もあった。

↑35mの跳躍力を生
かし、敵にライダー
キックを炸裂させる。

↑Cアイや超聴覚器のパワーを使ってショッ
カーの改造人間を発見し、猛攻を仕掛ける。

↑ライダー2号が迎え撃つ初めての敵は、ダム破壊を企むサボテグロン。

↑改造人間の大量生産を目論むドクガンダーと、大阪城前で激突する。

↑気絶したふりをして、接近してきたアマゾニアを油断させ、反撃開始。

↑北海道、昭和新山でムササビードルとの一騎討ち。有珠岳で止めを刺す。

↑催眠電波で少年少女を操るムカデラスに、必殺のライダーキックが炸裂。

大幹部、ゾル大佐が日本で作戦活動を開始。仮面ライダー対ショッカーの戦いも熾烈を極める。

←天狗岳で展開される、ライダー対アリガバリのサーベル戦。

乱戦! 激化する ショッカー日本侵略作戦!

↑ライダー抹殺の使命を帯びてブラジルからやってきた
アルマジロングと、決死の対決を繰り広げる。

→毒薬製造を企
てるドクダリア
ンを炎の中へ投
げ飛ばす。

↑アリキメデスの蟻酸を素早くか
わし、敵を崖下に突き落とした。

↑敵が放射した火炎の中での戦闘。
しかし、ライダーは怯まなかった。

↑科学者の娘を誘拐しようと
するエイキングの企みを阻止
する仮面ライダー。

↑大幹部、ゾル大佐も改造人間であり、
その正体は、怪力を誇る狼男だった。

↑狼男の強靭な運動能力や指から放たれる弾丸に苦戦を強いられるが、
最後は必殺のライダーパンチで見事に撃破する。

大幹部の執拗な攻撃に
苦戦を強いられる!

　仮面ライダーの活躍により、幾度となく作戦を妨害された
ショッカーは、海外で実績を積んだ幹部怪人や、優秀な指揮
官となるべき大幹部を日本支部に招聘する。そのため、仮面ラ
イダーはこれまで以上に激しい戦いを展開する事となった。

ゾル大佐に代わって日本支部の司令官となった死神博士は、スイス支部より無双の怪力を持つスノーマンを連れてきた。強敵の出現に困惑するライダー。

↑しかし、仮面ライダーは一人ではない。日本の危機を救う戦士が登場。

↑ライダーは激戦の末、凶悪なハエ男をライダー回転キックで撃破した。

↑滝を誘拐し、暗殺者にしようとするプラノドンをライダーが追い詰める。

↑草津高原でベアーコンガーと対決。雪深い山中での戦闘は、ライダーにとっても苦しいものだった。

↑ガスタンクの階段上で、ナメクジラが率いる戦闘員集団と死闘を展開。

↑棒術に長けた戦闘員部隊を駆使するトドギラーに、ライダーは追い詰められる。

↑イソギンチャックに襲われた少年・弘と友人のサクラを全力で守る。

ライダーは敵の鞭状の右腕を首に巻きつけられ、危機を迎えた。その時、彼の前に頼もしき友軍が登場。

↑敵の光線で視力が奪われたライダーは、周囲の音を頼りにフェンシング戦を挑む。

↑ギルガラスのデッドマンガスを浴びたライダーは、体が麻痺し、屋上から転落する。

↑ショッカーはライダーが倒した怪人を復活させ、人工重力装置ＧＸの方程式を狙う。

乱戦！

↑エリート怪人、ザンジオーはライダーと同等の戦力を誇る。２号も苦戦するが……。

新たな機能を追加！

　本郷が日本を離れるにあたり、代わって日本を防衛する任務についた隼人に託した仮面ライダー専用マシン。全自動リモコンによる無人走行能力や登攀能力、水中潜行能力等の新たな機能が追加されたようだ。

↑サイクロン号に乗ったまま　敵陣に突撃し、戦闘員と対決する。

↑アクセルターンをし、サイクロンクラッシャーで敵を攻撃。

↑2号が使用するようになった後、一部カラーリングが変わる。

↑強いジャンプ力を生かし、ビルの屋上から隣のビルへ飛び移る事も可能である。

サイクロン号 本郷より託された仮面ライダー専用車！

サイクロン号を戦闘用にチューンナップ！

↑ショッカー戦闘員によるオートバイ部隊と壮烈なマシン戦を展開した。

↑最高時速は400kmのままだが、最高出力が600kWに強化されている。

↓高くジャンプし、前輪で改造人間や戦闘員を蹴散らしていく。

↑造成地や山間部、海岸等の険しい場所も走破できるオフロードマシン。

↑隼人が仮面ライダーに変身すると同時に、通常のオートバイから改造サイクロン号に変形。

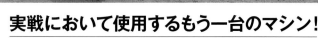

実戦において使用するもう一台のマシン！

　サイクロン号を強化改造したマシンでジャンプ力が40mに強化されている（但し、劇中ではそのような表現はなく、サイクロン号と改造サイクロン号は同一のマシンであるという説もあるが、真相は不明）。ライダーがベルトのパワースイッチを操作する事で、ワイヤーロープを自動射出できる機能を装備。

変装術に長け、テロ活動を得意とする！

首領がショッカー中近東支部から招聘した大幹部で、計画が最も遅れている日本支部の総指揮官となった。変装の名人で、敵の内部に潜入し、内部から破壊活動を行う作戦を得意としている。

↑性格は残忍で部下の服装の乱れも許さない完璧主義者である。

↑日本支部に着任した際は、モスグリーンの軍服に黒のパンツを着用。

ゾル大佐
（出演／宮口二朗）

中近東支部からきた隻眼の初代大幹部！

秘密結社
ショッカー

死神博士
（出演／天本英世）

首領に招かれ、スイス支部より転任！

↑スイス支部での火山帯爆破計画を評価され、日本支部へきた。

↑強力な改造人間を次々と製作し、仮面ライダーに挑戦してくる。

↑作戦を遂行するためには、女性や子供の誘拐も躊躇せず実行。

擬似科学的な手法を用いる！

ショッカー最高幹部の一人で、ライダーの活躍で征服計画が遅れている日本支部を立て直すためにスイス支部から招かれた。催眠術、テレポーテーション、毒薬や毒ガスの調合を得意とした魔法使い的な面を見せる。

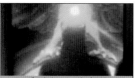

ショッカー首領
（声の出演／納谷悟朗）

アンデス山中でその姿が目撃された事もあったが、隠蔽されてしまう。

マヤ
（出演／真理アンヌ）

ショッカーの女性幹部。毒ガスを使った日本政財界の要人抹殺を企む。

ショッカー科学者グループ

人間の改造は勿論、毒ガスや毒液、細菌の製造、古代生物の蘇生も行う。

ハリケーン・ジョー
（出演／原田 力）

改造人間のトレーナーである、ショッカー幹部のガードも担当する怪人物。

黒戦闘員

赤戦闘員

ショッカー戦闘員

改造人間の指示で作戦の実行、ライダーへの攻撃、アジトのガード等を担当。赤戦闘員が各グループの指揮官らしい。

ショッカー 改造人間（怪人）

改造手術のプロセスはこれまでと変わってはいないが、海外の支部で成功実績を積んだ者や、作戦内容に特化した能力を身につけた改造人間が多く投入されるようになった。

（声の出演／鈴木利秋）

魔人 サボテグロン

メキシコ支部からきた幹部怪人で、ダム破壊のプロフェッショナル。サボテン型の爆弾や棍棒を使用する。

（声の出演／谷津勲）

悪魔のレスラー ピラザウルス

強靭な肉体のプロレスラーを改造したもの。死の霧と呼ばれる毒ガスのほか、ウルトラキックという技を使う。

（声の出演／池水通洋）

化石男 ヒトデンジャー

霧ヶ谷に建設中のショッカー地下ミサイル基地のガードが使命。全身が鋼鉄よりも硬く、敵の攻撃を跳ね返す。

（声の出演／死哲也）

泡怪人 カニバブラー

新爆弾を使って日本各地で大津波を発生させる、海底地震作戦の実行責任者。口から溶解泡を噴射する。

（声の出演／辻村真人）

毛虫怪人 ドクガンダー（幼虫）

富士山麓にあるショッカーアジトの警備が任務で、近づく者を全て抹殺する。発火性の液体と泡を口から放射する。

（声の出演／辻村真人）

毒蟻怪人 ドクガンダー（成虫）

ドクガンダー（幼虫）が繭の中で成虫となった姿。成長促進剤を利用して大量の同族を発生させようとする。

（声の出演／八代骏）

怪魚人 アマゾニア

日本近海にあるウラニウム鉱脈を利用し、ショッカー海底基地を建設する計画の責任者。指からミサイルを発射。

（声の出演／辻村真人）

空飛ぶ怪人 ムササビードル

小型液体燃料を奪い、札幌爆破計画を実行しようとする。空中を超高速で飛び、真空現象を発生させる力を持つ。

死霊 キノコモルグ
刑務所の無期懲役囚を毒キノコのエキスに1週間漬け込んで怪人化。口から人間を仮死状態にする胞子を吐く。

（声の出演／八代駿）

地獄サンダー
主要幹線道路に巨大な人工蟻地獄を発生させ、交通網を混乱させる使命を持つ。敵を蟻地獄に引き込んで倒す。

（声の出演／山下啓介）

催眠怪人 ムカデラス
頭脳明晰な少年少女を催眠電波で操り、ジュニアショッカーの一員にしようとする。両肩の刺を手裏剣にする。

（声の出演／沢りつお）

再生怪人
ショッカーが科学力を駆使して再生した強力怪人。ジュニアショッカーのメンバーに攻撃の講義や指導を行う。

地底怪人 モグラング
地下トンネルを使って石油を東京湾に流出させようとする。手の槍と爪で敵を攻撃。

（声の出演／峰恵研）

モグラ人間
モグラングに誘拐された人間が改造された姿。トンネル建設と、地下での自爆が使命。

電気怪人 クラゲダール
政府要人の暗殺に使用する電気人間の素材を探すことが使命。触手から電撃を流す。

（声の出演／沼波輝枝）

吸血怪人 ザンブロンゾ
化石から蘇生された三葉虫がショッカーの吸血改造人間と血液を入れ替えられ、誕生。

（声の出演／池水通洋）

アリ喰い怪人 アリガバリ
人間の体内で細菌を増殖させ、日本に蔓延させようとする。鋭い舌で敵を刺し殺す。

（声の出演／待越伊知郎）

人喰い花 ドクダリアン
女性に精受させた毒を空中散布し、大量殺人を狙う作戦を実行。蔓を鞭のように使用。

（声の出演／沼波輝枝）

鋼鉄怪人 アルマジロング
ライダー抹殺のためにブラジル支部から派遣された。体を丸めて敵に激突し、破壊。

（声の出演／池水通洋）

毒蟲怪人 ガマギラー
特殊核爆弾を使って日本列島を分断しようとする。角の下から赤い神経ガスを噴射。

（声の出演／沢りつお）

蟻怪人（女王蟻女）アリキメデス
卵から多数の女王蟻女を誕生させ、各地に出現させる事が使命。強力蟻酸を出す。

（声の出演／沼波輝枝）

火焔怪人 エジプタス
古代エジプトの怪人のミイラが蘇生された姿。エジプト王朝が日本に贈った宝を狙う。

（声の出演／関富也）

毒草怪人 トリカブト
毒ガスを放出する隠花植物を使い、大量殺人を行おうとする。緑色の溶解液を噴射。

（声の出演／沢りつお）

再生怪人
トリカブトの姿を見た少年を抹殺するため、怪獣サイン会にきた子供たちを襲った。

稲妻怪人 エイキング
世界主要都市の発電所を破壊し、都市機能を麻痺させようとする。体から電流を放射。

（声の出演／谷津勲）

実験用狼男
狼男のウルフビールスによって生み出された実験体。ゾル大佐の犬笛で操られる。

（声の出演／市川治）

鮮血怪人 狼男
ゾル大佐が変身した怪人で、人間を狼男化する事と宿敵・仮面ライダーの抹殺が目的。

（声の出演／宮口二朗・池水通洋）

怪人雪男 スノーマン
死神博士がヒマラヤの雪男を改造し、製作。強靭な肉体と超怪力を持ち、ライダーキックをも跳ね返す。

（声の出演／池水通洋）

マグマ怪人 ゴースター
マグマの中でも活動できる怪人で、口から火炎や火山弾を吐きだす。火山帯トンネル工事の作業員の誘拐が使命。

（声の出演／八代駿）

再生怪人
ゴースターの作戦や攻撃を支援するため、再生された。火山噴火作戦のアジトを探すライダーと対決した。

毒性怪人 ハエ男
ライダー抹殺を狙い、立花レーシングクラブの面々を命令音波で操る。爆発性の泡を口から吐き、敵を倒す。

（声の出演／八代駿）

怪鳥人 プラノドン
滝 和也を超音波でコントロールし、ロケット工学者を暗殺させようとする。空中を飛行し、口から弾丸を撃ち出す。

（声の出演／沢りつお）

墓場の怪人 カビビンガ
人間を養分として育つ殺人カビの培養が使命で、アジトのある墓地で人々を襲う。剣術と手裏剣の技に優れる。

（声の出演／山下啓介）

軟体怪人 ナメクジラ
ガスタンク爆破作戦を担当し、それに必要な小型人工頭脳を頭部に装備した。口から火炎状の噴射液を出す。

（声の出演／辻村真人）

雪山怪人 ベアーコンガー
大量の雪を溶かし、大洪水を起こす作戦を実行するため、科学者を脅迫してエネルギー爆弾を製作させる。

（声の出演／阪脩）

冷凍怪人 トドギラー
遠洋漁船の乗組員を冷凍人間にして捕獲し、ショッカーの一員にしようとする。口から冷凍シュートを噴射。

（声の出演／池水通洋）

吸血怪人 ヒルゲリラ
人間の血液を吸い、代わりに緑色の液体を注入して奴隷人間を作り出す。体から血吸い蛭を飛ばし、敵を襲う。

（声の出演／山下啓介）

人喰い怪人 イソギンチャック
ダイヤモンド鉱山の位置を記した地図を手に入れる事が使命。頭頂部の口であらゆる物体を吸収、消化する。

（声の出演／沢りつお）

オーロラ怪人 カメストーン
人間の網膜を破壊し、最終的には肉体を腐敗させるオーロラ光線を東京上空に投影した。背中から甲羅を飛ばす。

（声の出演／辻村真人）

石怪人 ユニコルノス
宇宙科学研究所からスーパーエネルギー光線のデータを奪取する事が目的。生物を化石化する白い霧を噴射する。

（声の出演／八代駿）

怪鳥人 ギルガラス
人間を殺人鬼に変貌させると同時に改造人間の機能をも麻痺させるデッドマンガスを東京に散布しようとした。

（声の出演／市川昇）

エリート怪人 ザンジオー
地球物理学の科学者が発明した人工重力装置ＧＸをショッカーの手中に収めようとする。口から高熱火炎を放射。

（声の出演／辻村真人）

再生怪人軍団
ショッカーの科学力で再生された怪人で、蜘蛛男からギルガラスまでの38体が出現。ＧＸの方程式を狙う。

↑九州・えびの高原で隼人と本郷は再会を果たす。2人は常に連絡を取っていたのだ。

↑ギルガラスとの対決後、隼人が南米へ旅立ち、本郷が再び日本の守りにつく。

↑ショッカーの脳波コントロールを受け、1号が2号を攻撃した事もあった。

↑強敵、サンショオを粉砕するため、2人は同時にジャンプし、合体必殺技、ライダーダブルキックを炸裂させる。

ダブルライダー
2大ライダーの力が遂に結集!

↑3体の怪人が襲撃してきたとしても、もはや、ダブルライダーの敵ではない。

↑変身前の2人はショッカーの作戦を追い、目的を探るが、怪人が出現すればライダーにならずとも戦闘を開始する。

↑1号と2号はそれぞれのマシンに乗り、敵を追跡。

↑ライダー返しで敵を空中で回転させ、地上に激突させる。

↑敵に洗脳された1号を、2号がテレパシーで元に戻す。

↑合体技は2人の友情の結晶で、悪への怒りの象徴である。

ショッカーの猛攻に対抗すべく、
1号が日本に舞い戻る！

　仮面ライダー2号（一文字隼人）だけの力だけでは敵わないショッカーの大作戦や、強力改造人間が出現した時、ヨーロッパで戦っている仮面ライダー1号（本郷 猛）が帰国し、ダブルライダーが結成されるのだ。

海外での戦闘において
肉体が格段の進歩を遂げた
大自然の勇者！

制作スタッフ
原作／石森章太郎（現・石ノ森章太郎） 企画／平山 亨・阿部征司 脚本／伊上
勝・滝沢真理・山崎 久・島田真之・平山公夫・山田 稔・桶谷五郎・鈴木生朗・
石森史郎・石森章太郎・丸山文櫻 監督／山田 稔・田口勝彦・塚田正熙・内
田一作・石森章太郎・奥中惇夫 音楽／菊池俊輔 撮影／川崎龍治・原 秀夫・
篠原征夫 照明／太田耕治 美術／三上陸男・高橋 章・八木 功（エキスプロ
ダクション） 仕上げ製作／映広音響 録音／太田克己 編集／菅野順吉・池原
文男 現像／東映化学 記録／紀志一子ほか 助監督／福島弘道ほか 衣裳／
東京衣裳 技斗／高橋一俊・岡田 勝 殺陣／大野剣友会 進行主任／大里俊
博・古泉 雅ほか スタントマン／三隅 修（ジャパン・アクション・クラブ）
制作担当／河野正俊 制作／毎日放送・東映

仮面ライダー

仮面ライダー（1号）
1972年（昭和47年）4月1日〜1973年（昭和48年）2月10日放映
（1号編）

ショッカー、ゲルショッカー打倒に執念を燃やす男!

　ヨーロッパでの活躍で心身ともに成長を遂げた本郷 猛は、これまで以上に戦士としての自覚が芽生え、ショッカー、ゲルショッカーとの戦いに身を投じていく事となる。

「ライダー変身!」の掛け声とともにポーズをとると内蔵されているベルトが体外に現れ、風車ダイナモが回転して仮面ライダーへと変身。

↑変身前の戦闘力も以前に増して強力になり、激しい格闘戦を展開する。

←戦闘力を高めるためのトレーニングも常に行っているようだ。

→高い場所からジャンプし地上にある専用オートバイに飛び乗る。

↑海外でのトレーニングにより、マシンテクニックも飛躍的に向上した。

本郷 猛

〈出演／藤岡弘（現・藤岡弘、）〉

悩める青年科学者から勇敢なロンリーヒーローに成長!

↑ゲルショッカーの合体怪人や戦闘員には、変身せずに挑む。

↑立花と滝の協力で新型マシンを製作し、ショッカーとの対決に備える。

↑オートレース中、サイギャングに襲撃され、本郷は崖下に転落してしまう。

↑孤独な悩める青年のイメージは消え、ショッカー打倒に燃える男に成長。

心優

↑新たな専用マシンで、ショッカーをどこまでも追う。

↑海蛇男のプリズム・アイによる幻影には苦しめられる。

↑ゲルショッカーとの対決で重傷を負う事も度々。

↑富士山麓にあるショッカー大要塞を破壊しようとする本郷の前に、再生怪人軍団が出現。

エミ
（出演／高見エミリー）

本郷が戻った日本に残り、クラブの事務を担当している。

トッコ
（出演／中島真智子）

ジャガーマンに襲われたところを本郷に救われ、クラブに入る。

主要登場人物

立花藤兵衛
（出演／小林昭二）

立花レーシングクラブと少年仮面ライダー隊を主宰する。

ナオキ
（出演／矢崎知紀）

五郎の友人。少年仮面ライダー隊の主要メンバーとなった。

滝 和也
（出演／千葉治郎）

少年仮面ライダー隊の隊長に就任し、ライダーをサポート。

ミツル
（出演／山田芳一）

ナオキとともにライダー隊の一員となる。優等生的存在。

↑滝とは親友のような間柄になり、行動をともにすることも多い。

石倉五郎
（出演／三浦康晴）

ショッカーが画策する事件の解明を積極的に行う少年。

ヨッコ
（出演／中田喜子）

ライダー隊の通信係と事務を担当。ユリの友人でもある。

ユリ
（出演／沖わか子）

レーシングクラブの最古参。後にライダー隊の通信を担当。

チョコ
（出演／ミミー）

大変な食いしん坊でのんびり屋。ライダー隊の事務を務める。

敵の猛攻にも怯まずに挑む！

敵の計画を次々と粉砕し、ショッカーを壊滅に追い込んだ本郷 猛ではあったが、さらに強力な新組織ゲルショッカーが出現。その戦いは、これまで以上に壮絶なものとなった。

しき戦士！

↑変身によるジャンプ後、高所に立って敵怪人を威嚇する。

↑敵の攻撃による爆発を避けるため、ヘリコプターの脚に掴まる。

↑多くの必殺技を会得している事から、後に"技の1号"と呼ばれた。

↑改良されたジャンプシューズの力でライダーキックを決める。

↑強靭な肉体組織は、巨大な岩さえ跳ね返す。

↑馬を巧みに乗りこなし、敵と騎馬戦を行う。

↑常人の数十倍の反射神経を有し、あらゆる状況に対応する。

↑モーターボートの操縦にも長け、水上でショッカーを追跡。

↑ショッカーライダーと合体怪人の猛攻を受けて一度は海に消える。

↑敵の攻撃を素早くかわし、戦闘態勢をとる。

仮面ライダー1号

多種多様の"戦闘技能を身につけた"技の1号"

戦闘力が飛躍的に向上!

　幾多の試練を乗り越え、戦力・能力ともに進歩を遂げた仮面ライダー1号は、体の彩色が一部変化し、いわゆる「新1号」となった。同時にライダーきりもみシュート、ライダーポイントキック、ライダーヘッドクラッシャー、ライダー反転キック等、48種の新必殺技を会得。戦闘技能も大幅に強化されている。

↑日本の守りに就いた本郷は、アニマルパニック作戦を阻止するためライダーに変身。

↑海蛇男が伸ばした蛇に首を絞められ、苦戦する。

↑液体火薬の秘密を狙うドクモンドの動きを封じる。

↑首に巻きついたミミズ男の殺人リングを、ライダーパワーで破壊した。

↑フクロウ男の殺人レントゲンも、ライダーにはまったく通じない。

↑怪力のカブトロングにニーキックを撃つ。

↑ショッカー大要塞を爆破した後、カミキリキッドと一騎討ち。

　ショッカー、ゲルショッカーは、大量虐殺を目的とした大作戦を次々と立案し、その任務に強力怪人を投入してきた。しかし、仮面ライダーの全身に秘められた戦闘力の前に粉砕されていく事となる。

決闘！

↑死神博士は、ライダー打倒の技を身につけ、イカデビルに変身した。

↑新必殺技の中でも特に強力なライダーきりもみシュートがギリザメスに炸裂した。

↑エレキボタルの体にアース線を突き刺し、体内の電気を奪って撃破。

↑電子工学の権威の誘拐を企むアブゴメスと、六甲山のロープウェイの上で対決する。

紀伊半島沖に海底基地を建設しようとする地獄大使、シオマネキングの野望を阻止するライダー。

↑子供の血液を狙うシラキュラスの針がライダーに襲いかかる。

↑バラランガにパンチを浴びせ、滝やライダー隊の洗脳を解く。

↑伊香保に出現したイモリゲスの舌が、ライダーに絡みつく。

↑仮面ライダーは得意の棒術でウニドグマの体を粉砕する。

↑ショッカー最後の怪人、ガラガランダは地獄大使の真の姿。

ショッカーの壊滅、そして、新組織の出現!

↑新組織ゲルショッカーの結成式に乱入した
ライダーは新たな敵、合体怪人と死闘を展開。

↑クラゲウルフの10万Vの電流攻撃を回転で
かわし、素早くキックを撃ちこんで怯ませる。

↑イソギンジャガーの変身装置だけをライダ
ーポイントキックで破壊し、人間に戻した。

↑ゲルショッカーの暗殺者、クモライオンの
3人目の標的は仮面ライダーだった。

↑ガニコウモル戦で深手を負ったライダー
は、傷を庇いながらサソリトカゲスに挑戦。

↑イノカブトンの必殺技、角えぐりに苦し
んだが、立花の協力で敵の角を切り裂く。

↑親友を利用し、殺人スモッグを完成させ
たウツボガメスに、ライダーの怒りが爆発。

殺人音波を撒き散らす
ナリコブラとの対決中、
たな強敵ネズコンドル
現。ライダーに危機が迫

決闘！

↑ライダーキックをムカデタイガーに跳ね返され、崖下に落下。

↑ライダーは、ハエトリバチとともに海中に没してしまう。

↑自分と同じ姿、戦力を持つショッカーライダーの出現に驚く。

↑ショッカーライダーと激しいマシン戦を展開する。そのテクニックさえも互角だった。

↑アンチショッカー同盟員を殺害したエイドクガーを粉砕する。

↑首を絞めるサボテンバットの怪力ハンドを全力で振りほどく。

↑再生されたムカデタイガーの火炎攻撃を素早く避ける。

↑イノカブトンを砂浜に落とし、ライダーキックを撃ちこむ。

機動性に長けた実戦用車両！

　パワーアップ後の1号が常用していたマシン。機動性に優れ、怪人や戦闘員とのマシン戦や敵の攪乱等にその威力を発揮。

↑高い登攀能力と無人走行機能が装備されている。

↑走行する新サイクロン号からライダーがジャンプする事もある。

改造サイクロン号
多くのマシン戦に勝利する！

↑ジャンプや急加速などの性能が強化されている。

↑アクセルターンを繰り返し、敵の部隊を翻弄。

↑後部から制動用パラシュートを射出し、マシンを急停車。

↑改造サイクロン号のボディーは数千度の高熱にも耐え、火炎の中でも走行できるように作られている。

↑後ろに人間を乗せたままでも空中を滑空飛行できる。

↑コンピューターを搭載し、爆発の中でも安定走行する。

イクロン号

立花藤兵衛設計によるニューモデルマシン！

↑マシンで敵に接近し、サイクロンカッターで切り裂く。そのほかにサイクロンアタックという突進攻撃も見せた。

↑後部のジェットノズルから、対レーザー煙幕・サイクロンレインボーを噴射する。

戦闘を考慮した機能を装備！

仮面ライダーのニューモデルマシンで、立花藤兵衛が設計し、本郷と滝が共同製作した。700kWの強化ジェットエンジンを搭載し、最高時速は500kmをマーク。更にカウルの両側から安定翼・サイクロンカッターを出す事で、空中でのグライディング飛行も可能となる。

地獄大使
（出演／潮 健児）

東南アジアより招聘された日本支部総司令官！

↑毒液を貯水池に流し込む等、残酷な計画を次々と実行。

↑海底基地建設計画では自ら前線に赴き、陣頭指揮を執る。

↑本郷を罠にかけるため、裏切り者として処刑台に立つ。

↑戦闘的な面や、怪人を蘇らせる魔術師的な面を持つ。

科学者戦闘員

ショッカー戦闘員

胸に骨のマークをつけた兵士で、ジャガーマン～ガラガランダが指揮。オートバイ部隊も編成されている。

大作戦の際には自らが陣頭指揮を執る！

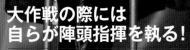

東南アジアで暴虐と破壊の限りを尽くしたショッカー最高幹部で、日本を去った死神博士に代わって日本支部の総司令官に選出された。かなりの戦略家であり、人類虐殺や海底基地建設等の大作戦を立案、遂行していく。

秘密結社 ショッカー

（声の出演／池水通洋）

怪人 ジャガーマン

地上のあらゆる動物を自在に操る能力を使い、動物園の猛獣を暴れさせるアニマルパニック作戦を行う。

（声の出演／市川治）

ユウレイの村の 海蛇男

首に巻かれた蛇の目、プリズム・アイで幻影を作り出し、世界を混乱させようとする。口から溶解液を吐きだす。

（声の出演／峰恵研）

細菌怪人 ゴキブリ男

人体を急速に老化させる細菌をアドバルーンに詰め、東京上空で爆発させる作戦を指揮。空中を高速で飛行する。

（声の出演／建部道子）

毒蝶 ギリーラ

自らが出す猛毒鱗粉をカプセルに詰め、日本各地の貯水池に投げ込もうとした。口から毒針を発射し、敵を倒す。

（声の出演／辻村真人）

土ぐも男 ドクモンド

本郷の友人が開発した液体火薬の研究データを狙う。地中を自在に移動し、人間を引きずりこんで白骨化させる。

（声の出演／関富也）

毒液怪人 毒トカゲ男

死体を蘇生させる薬、Xアルファー液を奪取し、死んだ2人の科学者を復活させる。毒液を吐き、人間を溶かす。

（声の出演／八代駿）

リング怪人 ミミズ男

強力な放射性物質、コバルト120を宝石泥棒から奪い返すことが使命。殺人リングを敵に巻きつけ、絞め殺す。

（声の出演／山下啓介）

怪奇 フクロウ男

目から発する殺人レントゲンで日本全土の時計を爆破しようとする。この光線には人間を白骨化する威力もある。

（声の出演／関富也）

放電怪人 ナマズギラー

仮面ライダー抹殺のため、死神博士が南米から連れてきた怪人。5万Vの電流を持つ髭で、敵を打ちのめす。

（声の出演／沢りつお）

毒針怪人 ハリネズラス

墜落した輸送機から殺人ピールスを回収する事が使命。体に殺人ピールスの針と爆弾針を備えている。

（声の出演／山下啓介）

怪人 サイギャング

仮面ライダーを打倒するため、アフリカ支部から送られた怪人。口から催涙ガスと高熱火炎を放射し、敵を抹殺。

（声の出演／槐柳二）

音波怪人 セミミンガ

背中の羽を振動させて殺人音波を出し、ショッカータワーから全国に流そうとする。針で人間の体液を吸収。

昆虫博士 カブトロング

昆虫博士を自任する怪人で特殊な泡で子供たちを洗脳し、ショッカースクールの生徒として教育した。怪力を誇る。

（声の出演／池水通洋）

怪人 カミキリキッド

ショッカー墓場に眠る全怪人を蘇らせる悪魔祭りに、立花たちを生贄として捧げようとする。口から火炎を放射。

（声の出演／二見忠男）

再生怪人軍団

カミキリキッドが拉致した生贄のエネルギーで復活した5体の怪人。ライダーの戦闘力を知り尽くしている。

怪人 ギリザメス

ショッカー世界会議の偽情報でライダーを誘い出し、抹殺するV作戦を実行する。キック殺しという技を使う。

（声の出演／八代駿）

怪人 カミキリキッド

地獄大使が富士山頂に建造したスーパー破壊光線砲から、ライダーの注意を引き離す事が任務。角から破壊光線を撃ち、口から体を麻痺させる白い粉を吐く。

（声の出演／二見忠男）

怪人 イカデビル

死神博士が変身した怪人で、隕石を自在に誘導して地上に落下させる流れ星作戦を実行する。触手で敵を攻撃。

再生怪人

ショッカーの改造人間トレーニングセンターで訓練を行っていた、再生カブトロングと再生サイギャング。

再生怪人軍団

ライダーとその仲間を次々と襲撃し、スーパー破壊光線から注意を逸らす。また、光線施設のガードも任務である。

怪人 ギラーコオロギ

自然科学研究所に集う少年たちを伝染性の高い猛毒に感染させ、犠牲者を増やそうとする。額から殺人音波を放射。

（声の出演／八代駿）

恐怖の怪人 エレキボタル

エレキ催眠術でナオキを操り、本郷と滝を誘い出して抹殺しようとする。超高熱火球・エレキファイヤーを発射。

（声の出演／市川治）

怪人 アブゴメス

電子工学の科学者を誘拐し、電波攪乱装置の製作を強要する。両手から弾丸を発射し、口から猛毒の針を伸ばす。

怪人 モスキラス

ショッカー海底基地建設の指揮者、地獄大使のガードが使命。口の鋭い針で人間の血液等を吸い、白骨化させる。

怪人 シオマネキング

海底都市開発の科学者を誘拐し、海底基地建設に協力させようとする。口から発火泡を吐き、全てを焼き尽くす。

吸血魔 シラキュラス

改造人間製作に必要な血液を入手するため、血液銀行の襲撃や子供の誘拐を実行する。戦力は口から吐く溶解液。

毒花怪人 バララランガ

バラの毒で滝や少年仮面ライダー隊員を洗脳し、本郷を暗殺させようと企む。体に生えた花の茎を敵に突き刺す。

発電怪人 シードラゴンI世

駄菓子屋にあった怪獣の缶詰から出現し、本郷を襲撃する。右腕の触角から1万2000Vの電流を放射。

発電怪人 シードラゴンII世

地獄大使によってI世の弱点が改良され、出現。人間に化けてライダーを油断させた。左腕のドリルが武器。

発電怪人 シードラゴンIII世

3体目のシードラゴン。左腕に装備した三又状の槍と放電能力で仮面ライダーに最後の勝負を挑んでくる。

死霊 イモリゲス

伊香保の牧場地下にショッカー飛行場を建設するため、作業用の奴隷を誘拐。長い舌を敵に巻きつけ、体を焼く。

怪人 ウニドグマ

海辺の村を占領し、卵から無数のウニドグマを生みだそうとする。戦力は口から吐く高熱のドグマファイヤー。

↑全身からガラガラ蛇特有の威嚇音を鳴り響かせ、変身する。体内の猛毒が消耗した際は、砂漠で補給するらしい。

怪人 ガラガランダ

地獄大使が変身した怪人で、ショッカーを裏切ったふりをしてライダーに接近する。右腕の鞭と猛毒の牙が武器。

仮面ライダー2号

南米ショッカーとの対決中、全身のカラーを一新！

↑海底基地建設計画をキャッチし、紀伊半島に駆けつけた。

↑水中潜行能力が強化され、自力で深海へ急行できる。

↑ライダーパンチの一撃でゲルショッカー再生怪人を倒す。

↑建造中の海底基地に到着し、施設を破壊した。

↑ゲルショッカー戦闘員をキックで次々と粉砕。

↑ショッカーライダー3体を相手にしても、互角に立ち向かう。

↑ヒルカメレオンの爆発の余波から、素早く脱出した。

↑姿が1号に酷似しており、初めは立花も気付かなかった。

敵を追って帰国した〝力の2号〟

南米ショッカーと対決していた仮面ライダー2号が、戦いの中でパワーアップを果たした姿。外見的にはマスクの色が明るくなり、グローブとシューズが赤くなった。また、特にキックとパンチの破壊力が強化され、後には〝力の2号〟とも呼ばれた。

一文字隼人
（出演 佐々木 剛）

南米ショッカーを撃滅するため、日本を離れて活動。敵の情報収集も行う。

↑高所から敵めがけて飛び降り、戦闘を開始。

↑敵を肩に担ぎ、ライダー投げを炸裂させる。

ショッカーと秘密団体ゲルダムの統合により再編成！

ショッカー首領がアフリカ奥地に本拠を置く秘密結社ゲルダム団と手を組み、新たに編成した組織で、正式名称はゲルダムショッカー。その最終目標は、世界征服と全人類の支配に置かれている。

ディー博士
仮面ライダーの打倒案を考案した悪の科学者。

ゲルショッカー戦闘員
人間の4倍の戦力・能力をもつ、強化兵士。

↑3時間毎に服用しないと肉体が崩壊するゲルパー薬を組織の全員に与え、裏切り者を出さないようにする。

↑ショッカー以上に進んだ科学力を持った、恐怖の軍団である。

↑組織のエンブレムは、鷲に蛇が巻きついたものが選ばれた。

ゲルショッカー 首領が再結成した新たな組織！

アフリカの砂漠より日本に着任した大幹部！

ゲルショッカー日本支部の指揮官。かなりの戦略家であり、都市での大量殺戮や要人の暗殺等、大規模な作戦の遂行を得意とする。組織結成の際、旧ショッカーの構成員を全て抹殺した。

（出演／丹羽又三郎）

ブラック将軍

鉄の掟でゲルショッカーを指揮し、大量殺戮作戦を実行する！

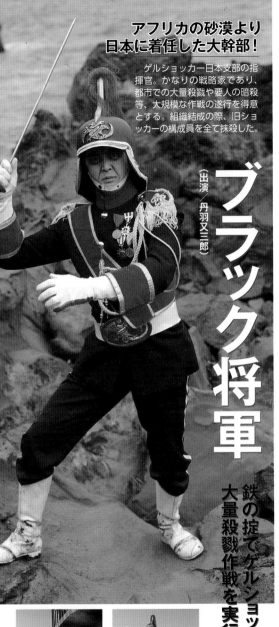

↑ゲルショッカーの結成式と同時に日本支部に着任。

↑仮面ライダーと互角の戦闘力を有しているらしい。

蛇のマスクを被った正体不明の一つ目怪人！

ショッカー、ゲルショッカーを支配していた一つ目の怪人だが、これは真の姿ではなく、砕けた体の中には謎の球体があるのみであった。顔面から強い光を放ち、全身からは毒ガスを噴射する。

（声の出演／納谷悟朗）

↑赤い三角頭巾の下に蛇のマスクを被っていた。

↑ダブルライダーを道連れに、自爆しようとする。

ゲルショッカー首領

ショッカー、ゲルショッカーを陰から操る支配者！

ゲルショッカー 合体怪人

ゲルショッカーの生体改造技術によって2種類の動植物、昆虫などの能力を人間に移植し、強化したもの。ショッカー改造人間以上の戦力・能力を持ち、仮面ライダーに度々瀕死の重傷を負わせた。

（声の出演／池水通洋・西崎章治）

ガニコウモル
ゲルショッカーの怪人第1号で、組織の結成準備や旧ショッカー戦闘員の暗殺、仮面ライダーへの攻撃を行う。

（声の出演／八代駿）

サソリトカゲス
旧ショッカー科学者の始末と、口から吐く酸欠ガスを使用し都民を抹殺する大東京無血占領作戦の実行が使命。

（声の出演／沢りつお）

クラゲウルフ
体内に蓄えた10万Vの電流を雷に変えてラッシュ時の新宿駅に落とそうとする。右腕の触手で敵を打ちのめす。

（声の出演／市川治）

イノカブトン
鼻から噴出する白いガスで、猛毒ガス東京壊滅作戦を実行。イノカブトン角えぐり、トゲ車という技を使用する。

（声の出演／辻村真人）

イソギンジャガー
仮面ライダー抹殺用に製作された怪人で、少女を誘拐して本郷を誘い出す。口の触手と背中から出す毒液が戦力。

（声の出演／西崎章治）

ウツボガメス
口から吐く毒ガス・殺人スモッグの原料である汚染ヘドロを製造させ、東京全滅作戦を行う。首だけでも攻撃。

（声の出演／谷津勲）

ワシカマギリ
怪人や戦闘員の素材となる人間の誘拐が使命。左手をブーメランのように投げ、口からは凝固泡を放射する。

（声の出演／辻村真人）

クモライオン
日本の要人を暗殺し、ロボットと入れ替える、T3号計画を実行。口から吐く糸を敵の首に巻きつけ、絞め殺す。

（声の出演／山下啓介）

ネコヤモリ
世界平和会議に出席中の科学者たちを誘拐する、F作戦の責任者。黒猫の絵がある場所に空間移動し、出現する。

（声の出演／辻村真人）

カナリコブラ
殺人音波で東京都民を苦しめるペット作戦を実行。本郷にコブラハンドを破壊され、鋼鉄製のハンドに改造。

（声の出演／西崎章治）

ネズコンドル
カナリコブラの計画を引き継ぎ、特殊なペスト菌をばら撒く第1次ペット作戦を行う。両手首からナイフを出す。

（声の出演／西崎章治）

改造ネズコンドル
ネズコンドルが強化された姿。その嘴にはさらに強力になったペスト菌が植えつけられている。空中を高速飛行。

ショッカーライダーNo.1

《声の出演／池水通洋》

仮面ライダーと同等の戦力・能力のほか、怪人特有の機能を有したゲルショッカーのホープ。首領の正体が入ったコンピューターテープの奪取が使命である。

ショッカーサイクロン

ショッカーライダーの常用マシン。その性能は新サイクロン号と同じ。

ショッカーライダーNo.2

《声の出演／市川 治》

エイドクガーと協力して少年仮面ライダー本部を襲い、隊員を誘拐。

ムカデタイガー

《声の出演／倉口佳三》

少年仮面ライダー隊員を誘拐して洗脳し、少年ゲルショッカー隊を結成。

ハエトリバチ

《声の出演／山下啓介》

ショッカーライダーに協力。顔面から人間を溶かすハエトリ液を出す。

ショッカーライダーNo.3

6体のショッカーライダーの一人。爆雷攻撃を得意としている。

ショッカーライダーNo.4

地震を誘発させる能力を持つ。また、指先からロケット弾を発射。

ショッカーライダーNo.5

5体の仲間とともに本郷、隼人を襲撃し、倒そうとする。放電攻撃を行う。

ショッカーライダーNo.6

ダブルライダーの殲滅を目的とする。口から溶解液を吐きだす。

エイドクガー

《声の出演／倉口佳三》

アンチショッカー同盟員抹殺を実行。人間を昏睡状態にする毒粉を噴出。

ナメクジキノコ

《声の出演／辻村真人》

首領の偽情報でライダーたちをアジトに誘い込み、抹殺しようと企てる。

ガラオックス

《声の出演／池水通洋》

水素の50倍も軽いミスティガスで乗り物を浮遊させ、地上に落下させる。

サボテンバット

《声の出演／八代駿》

左手の刺に仕込まれている毒薬で人間をサボテンに変える作戦を実行する。

再生怪人軍団

ヒルカメレオンが人間から吸い取った血液を使い、再生されたゲルショッカー怪人。ライダーへの攻撃やゲルショッカー総本部のガードが使命。

ヒルカメレオン

《声の出演／辻村真人》

ブラック将軍が変身した姿。ゲルショッカー大攻勢のためにライダーに倒された怪人たちを復活させる。保護色で姿を隠す。

→6体のショッカー
ライダーに本物の
ワーを見せようと
ダブル変身を決め

ダブルライダー

最強のコンビネーションを誇る
技と力の2大ヒーロー

互いへの信頼から発揮される爆発的なパワー！

ともにパワーアップを果たした仮面ライダー1号、2号は、悪の組織が総攻撃を仕掛けてきた際にはダブルライダーを結成。互いの戦力を合わせて敵を撃破する。その破壊力は何倍にも強化されるのだ。

抜群のコンビネーションを誇るダブルライダーは、パンチを次々と撃ち込み、ナメクジキノコを崖下に落とした。

地獄大使の海底基地建設計画を砕くため、パワーアップした1号、2号が初結集。

↑ショッカーを相手に、それぞれの変身ポーズをとるダブルライダーの勇姿。

↑本郷と隼人は、コンピュータールームに出現したエイドクガーを追い詰める。

↑ゲルショッカーのアジト付近でショッカーライダーと決戦を開始する。

6体の強敵を倒すため、特訓で身につけた技、ライダー車輪を披露する。

↑ジェットコースターに乗るヒルカメレオンと対決するため、ダブルジャンプ。

↑左右から怪人を攻撃し、最後は2号がライダーきりもみシュートを決める。

↑2台のサイクロン号に乗り、空中を飛行するモスキラスを追跡していく。

仮面ライダーV3

1973年(昭和48年)2月17日〜
1974年(昭和49年)2月9日放映

制作スタッフ
原作／石森章太郎（現・石ノ森章太郎） 企画／平山
亨・阿部征司 脚本／伊上勝・鈴木生朗・島田真之
内藤まこと・佐伯俊道・滝沢真理・塚田正熙・海?
肇・長石多可男・平山公夫 監督／山田稔・奥中
惇夫・塚田正熙・田口勝彦・折田至・内田一作 ?
楽／菊池俊輔 撮影／川崎龍治・原 秀夫ほか ?
明／太田耕治 美術／八木 功（エキスプロダクショ
ン） 仕上げ製作／映広音響 録音／太田克己 編
集／菅野順吉ほか 効果／協立効果 選曲／武田?
彦 現像／東映化学 記録／紀志一子ほか 助監督
／長石多可男ほか 衣裳／東京衣裳 技斗／高橋一
俊 殺陣／大野剣友会 進行主任／大里俊博・大里
昭男ほか トランポリン／三隅 修（JAC）・大野
剣友会（佐藤 巧）制作担当／佐久間正光 制作／
毎日放送・東映

力と技の風車が回る
斗え! 第3の戦士!

風見志郎

（出演／宮内 洋）

本郷、一文字の志を受け継ぎ、人類の自由を守る者として悪に挑む！

「変身Ｖ３！」の掛け声でポーズをとり、仮面ライダーＶ３に変身。

↑怪人とともに海に散ったダブルライダーの正義の志を受け継ぐ。

↑空手の有段者であり、常に厳しいトレーニングを行う。

↑ハーモニカを吹くと、死んだ妹の事を思い出し、思わず涙ぐむ。

↑デストロンに対して闘志を燃え上がらせる。

ダブルライダーの手で改造されたヒーロー！

　本郷の後輩で、城南大学生化学研究室で細菌の研究をしていた大学生。暗黒組織デストロンの作戦行動を偶然目撃したために家族を殺され、自身も改造人間分解光線を浴びて瀕死の重傷を負うが、ダブルライダーによって改造手術が施され、正義の戦士、仮面ライダーＶ３として蘇った。

私怨を捨て、
正義のために生きる!

ダブルライダーの命を懸けた活躍
を見た風見志郎は、個人的な復讐心
を捨て、世界平和のためにデストロ
ンとの対決を開始する。そして、戦
いの中で人間的にも成長を遂げ、一
人前の戦士となったのだ。

↑デストロンに襲われそうになって
いた女性、珠純子を救出する。

↑変身ポーズをとると、腰にダブル
タイフーンが出て装着される。

不死身の男!

↑デストロンを追跡するため、ロープウェイの上に飛び乗る。

↑敵の罠で体が凍結し、変身ができなくなる。

↑砲撃を受け、オートバイから飛び下りる。

↑本郷に匹敵するオートバイテクニックを身につけており、立花からも将来を期待される。

↑怪人に捕まり、拷問を受けたが正義の意思は揺るがない。

↑当初は純子の協力を拒否し、自分から遠ざけようとした。

↑怪人の体液によってエネルギーを奪われながらも滝を上る。

↑限界までV3には変身せず、風見志郎として敵と対決する。

主要登場人物

立花藤兵衛 （出演／小林昭二）

運動用具店を経営し、新たな少年仮面ライダー隊を結成する。

珠 純子 （出演／小野ひずる）

志郎をサポートしたい一心で、ライダー隊の通信係になる。

珠 シゲル （出演／川口英樹）

純子の弟で、少年仮面ライダー一隊のリーダー的存在。

佐久間ケン （出演／川島健）

インターポールの本部から派遣された、デストロンハンター。

仮面ライダーV3

ダブルライダーから技と力の能力を継承！

↑V3きりもみキックやV3反転キック等、多くの技を使用。

↑激しい特訓の中で26の秘密が徐々に解き明かされていった。

↑空中に小型偵察装置、V3ホッパーを打ち上げ、敵を追跡。

↑戦闘ポーズをとり、 ↑素早い動きで敵の爆
怪人に突撃していく。 撃、砲撃を回避する。

↑脚のパワーを生かし、100mを
1.6秒で走破。60mも跳躍する。

↑特殊スプリング筋肉から怪力
を発揮し、巨大機械も押し返す。

↑地上は勿論、水上や水中、空
中等でもパワフルに戦う。

↑特殊強化筋肉は、高
熱火炎にも耐える。

↑変身後に高所に立つことが、
V3の特徴でもある。

体に"26の秘密"と"4つの弱点"を持つ!

1号の技と2号の力を継承した第3の仮面ライダー。体内にV3
・26の秘密と呼ばれる特殊能力を有しているが、実際はそれらを上
回るほどの戦闘技能を身につけている。しかし、それらの優れたパ
ワーと同時に4つの弱点も隠されているらしい。

↑V3抹殺を狙う2大怪人の襲撃で、最初の危機を迎えた。

↑怪人のハンマーを受け止め、V3スクリューキックを放つ。

↑V3チョップのパワーで敵の回転のこぎりを破壊する。

↑2大怪人の罠にかかるが、激闘の末、勝利を手にした。

↑マシンガンスネークの弾丸を強化筋肉によって跳ね返す。

初めての敵、ハサミジャガーのシザース攻撃を浴び、V3は橋の下に転落するが、ダブルライダーのアドバイスでV3回転ダブルキックを炸裂させる。

↑ナイフアルマジロの弾丸球攻撃に一度は敗れてしまう。

↑デストロンレーサー地獄部隊の指揮者、レンズアリと対決。

↑ガマボイラーの体液を浴び、V3は変身エネルギーを失う。

攻撃！ 苦戦を強いられる孤独な死闘！

放射能元素を巡り、四国で２大怪人と激しい攻防戦を展開。

生きていたダブルライダーの力を得て怪人を撃破する。

戦いの中で自らの力を発見!

初決戦でダブルライダーから最後のコーチを受け、デストロン怪人に勝利したＶ３は、自分の真の力が解らないまま、孤独な戦いを開始する。そして、幾多の活躍の中で自分を鍛え上げ、戦士として成長していったのだ。

↑友人が改造された吸血怪人プロペラカブトを、悲しみに堪えて粉砕した。

↑ゴキブリスパイクのスパイクをジャンプで回避。

↑海岸でヒーターゼミに最終決戦を挑み、Ｖ３回転フルキックを撃つ。

↑ドクトルＧが変身したカニレーザーの猛攻撃に苦戦しながらも、Ｖ３きりもみ回転キックを決める。

↑新たな軍団、キバ一族の出現に驚くＶ３。怪人によって沼に引き込まれる。

↑ユキオオカミを空中に投げ飛ばし、必殺チョップを決める。

↑敵にキックを決め、最終的には３人ライダーの合体技で粉砕。

↑キバ一族の長、キバ男爵が変身した吸血マンモスのパンチを避け、反撃開始。

キバ一族の怪人は魔術的な能力で攻撃する者が多く、Ｖ３も苦戦を強いられる事が多かった。

攻撃！

↑続いて、空中攻撃を得意とするツバサ一族が襲撃を開始。

↑怪人の触手を引きちぎり、V
3スカイキックを炸裂させる。

↑ツバサ大僧正が変身した怪人
を特訓の成果で撃破する。

↑ヨロイ一族の刺客、ガルマジ
ロンは親友が変身した姿だった。

↑カマクビガメに呑み込まれた
V3は、体内から攻撃を開始。

ヨロイ元帥が変身した
怪人、ザリガーナが企む
プルトンロケットの発射
を阻止しようと活躍。

↑頑丈なサイタンクの体を破壊するため、危険な空中
撃を敢行。最後はV3きりもみキックを撃ち込む。

↑少年仮面ライダー隊壊滅を企
むシーラカンスキッドと対決。

↑再生強化された吸血カメレオンの
舌を掴み、投げ飛ばす。

ハリケーン

ダブルライダーが V3 に贈った
高性能マシン!

↑原子力エンジンを搭載。60mのジャンプ力を生かし、敵が仕掛けた地雷等を回避する。

↑高性能コンピューターの力で堤防の上なども正確に走る。

V3のためにダブルライダーが設計・開発し、贈った高性能マシンで、前部カウルに2段式のグライディング用ウイング、後部には制動用パラシュートを装備している。最高時速は600km。

↑救出した被害者を後部席に乗せ、敵地を脱出。

↑ロケットブースターを使い、無人のままでも空中を飛行。

↑特殊タイヤの力で砂浜でも安定した高速走行が可能である。

↑カウル中央の風車の色が、時速200kmで青、400kmで黄、600kmで赤へと変わる。

↑高知城の長い石段も一気に走り降りてしまう。

↑デストロン戦闘員のオートバイ部隊と戦闘を行う。

↑垂直尾翼で高速走行中の車体を安定させる。

↑アクセルターンも新サイクロン号以上に早い。

暗黒組織デストロン

ゲルショッカー首領が再結成した
"破壊者"集団!

↑結成当初、大幹部は登場せず、
怪人が首領の指令で作戦を遂行。

大規模な征服作戦を実行する、悪魔の軍団!

　ダブルライダーに組織を壊滅されたゲルショッカー首領が結成した、新たな秘密結社
で、世界征服の野望を燃やすと同時に、仮面ライダー抹殺にも力を注ぐ。特徴としては、
通常の組織内軍団のほかに、協力関係にある部族集団が存在する事であった。

〈出演／花巻五郎〉

科学者戦闘員

デストロン戦闘員

人間の5倍の戦闘力を有する兵士で、その中には精
鋭部隊も存在する。科学者戦闘員は怪人製作を担当。

〈出演／花巻五郎〉

犬神博士

首領に絶対の信頼を持
たれている、悪の科学者。
ドリルモグラを製作した。

〈出演／丹羽又三郎〉　〈出演／潮健児〉　〈出演／大木英世〉　〈出演／宮口二朗〉

ショッカー、ゲルショッカー大幹部

デストロンの科学力で復活したショッカー、ゲルシ
ョッカー大幹部。怪人を指揮し、日本全滅作戦を実行。

ドクトルG（ゲー）

作戦失敗者を処刑する、冷血な大幹部！

（出演／千波丈太郎）

細菌を利用しての大量殺人を計画！

デストロン日本支部の初代幹部で、その性格は冷酷無比。自身の目的はＶ３打倒よりも日本征服に主眼が置かれ、四国占領作戦等の大規模計画を立案した。

↑強力怪人を指揮し、新元素サタンニウムを手中に収めようと企む。

↑人間の弱みに付け込み、デストロンの奴隷として利用する。

↑悪魔の戦士の精霊の儀式で戦力を強化し、自らＶ３抹殺に出撃。

キバ男爵

ドーブー教の魔術師！

（出演／郷鍈治）

呪術や祈禱を駆使！

アフリカのコンゴ川上流からきたドーブー教の魔術師で、キバ一族の長。不気味な呪術や祈禱を駆使して人間を呪い殺したり、獣人化させる能力を持つ。

↑強力な戦士で、怪人に変身せずともＶ３と互角の戦闘力を発揮。

ツバサ大僧正

ツバサ一族を操る！

"まんじ教"の教祖！

（出演／富士乃幸夫）

チベット高原に栄えた密教・まんじ教の教祖であり、空を支配するツバサ一族の頭領。炎に祈る魔法を使用し、人間に恐るべき呪いをかける。

↑Ｖ３との戦いに敗れ、最後には棺の中に入って自爆した。

デストロン 機械合成怪人

様々な作戦に応じて人間に動植物や昆虫、魚類の能力と器物の機能を合成し、完成させた怪人。いわばゲルショッカー一体怪人の発展系といえるが、その戦闘力はこれまでの改造人間を遥かに凌ぐ。

ハサミジャガー
（声の出演／沢りつお）

新組織の秘密を知った者を暗殺する。両腕の刀を合体させた巨大な鋏が武器。

カメバズーカ
（声の出演／峰恵研）

体内の原子爆弾で東京を破壊しようとした。背中のバズーカ砲で敵を攻撃。

テレビバエ
（声の出演／沢りつお）

頭部のテレビ画面から人間を操る催眠電波と敵を抹殺する殺人音波を放射。

イカファイア
（声の出演／八代駿）

V3抹殺のため、性能や弱点を調査して出現。左手から火炎放射機をだす。

マシンガンスネーク
（声の出演／辻村真人）

新エネルギー理論の書類を奪い、その理論を調査する。マシンガンが武器。

ハンマークラゲ
（声の出演／峰恵研）

マシンガンスネークの使命を受け継ぐ。ハンマーと鎖分銅でV3を襲う。

ナイフアルマジロ
（声の出演／山下啓介）

人工心臓学の科学者を誘拐する。弾丸攻撃とナイフでV3を追い詰めた。

ノコギリトカゲ
（声の出演／沼波輝枝）

科学者を脅迫し、ナイフアルマジロを再生させた。回転のこぎりが戦力。

レンズアリ
（声の出演／辻村真人）

デストロンレーサー地獄部隊を操る。両目のレンズから5000度の熱線を放射。

カミソリヒトデ
（声の出演／市川治）

右手のかみそりと胸から噴射する発火泡でV3を粉砕しようとした。

ピッケルシャーク
（声の出演／八代駿）

組織を脱走した科学者の抹殺が任務。右腕からピッケルフラッシュを放射。

ドリルモグラ
（声の出演／西崎章治）

珠純子を誘拐し、結婚を迫った。頭部のドリルを回転させ、地中を移動。

ジシャクイノシシ
（声の出演／峰恵研）

ドクトルGの日本上陸からV3の目を逸らす事が使命。強力磁石が戦力。

ガマボイラー
（声の出演／沢りつお）

国際警察官が持つV3の秘密を狙う。V3のエネルギーを奪う体液を噴出。

バーナーコウモリ
（声の出演／八代駿）

V3の抹殺、組織を脱走した科学者の襲撃が使命。口から高熱火炎を吐く。

ミサイルヤモリ
（声の出演／辻村真人）

自身のミサイルで京浜工業地帯の石油コンビナートを攻撃する作戦を実行。

スプレーネズミ
（声の出演／山下啓介）

新型病原菌デビルスプレーを大都市にばら撒く。右腕のメカアームが武器。

クサリガマテントウ
（声の出演／沢りつお）

組織を裏切ったふりをしてV3に接近し、抹殺を企む。鎖鎌を振り回す。

ハリフグアパッチ
（声の出演／沢りつお）

組織の領海に近づく船舶を、左肩から発射する魚雷で粉砕していた。

ギロチンザウルス
（声の出演／辻村真人）

風見の四国上陸を妨害する事が使命。右腕のギロチンで敵の首を切断。

ドクバリグモ
（声の出演／西崎章治）
注射器にはいったヴィールスを人間の体内に注入し、意のままに操る。

ウォーターガントド
（声の出演／八代駿）
毒ガスを乱気流に乗せ、東京にばら撒く作戦を行う。左腕の水中銃が武器。

タイホウバッファロー
（声の出演／八代駿）
四国山脈にある放射能元素、サタンニウムの奪取が使命。両肩に大砲を装備。

再生怪人軍団
四国占領作戦を妨害する3人ライダーを攻撃した、9体の再生怪人。

プロペラカブト
（声の出演／八代駿）
戦闘員の素材となる人間の誘拐が目的。右腕から巨大なプロペラを発射。

ゴキブリスパイク
（声の出演／辻村真人）
細菌研究所を占領し、女性を新型細菌の実験台にする。スパイクが武器。

カマキリメラン
（声の出演／峰恵研）
デストロンレインジャー部隊の指揮官。ブーメランで敵の体を切り裂く。

ヒーターゼミ
（声の出演／市川治）
浄水場にミイラピールスを混入し、全東京都民のミイラ化を企てた。

ワナゲクワガタ
（声の出演／八代駿）
猛毒ガスによる日本全滅作戦を実行。鋼鉄の輪を人間の首にはめ、絞め殺す。

ショッカー再生怪人
4大幹部とともに再生されたショッカーの強力怪人。V3を襲撃する。

カメラモスキート
（声の出演／八代駿）
顔のカメラで撮影した人間に変身する能力を持つ。秘密書類の奪還が使命。

カニレーザー
（声の出演／沢りつお）
儀式でパワーアップしたドクトルGが変身した怪人。レーザー光線を撃つ。

デストロン キバー族怪人

部族の象徴である巨大な牙を持った生物の怪人で、アジトに鳴り響く太鼓の音とキバ男爵の掛け声に呼応し、出現。呪術的な能力を身につけた者や、長い眠りから目覚めた者がいる。

ドクロイノシシ
（声の出演／沢りつお）
山村を襲い、キバで人間の生き血を啜って意のままに操る。

オニビセイウチ
（声の出演／八代駿）
鬼火沼にキャンプにきた少年仮面ライダー隊を襲撃した。

ユキオオカミ
（声の出演／沢りつお）
口から絶対零度の猛吹雪、ウルトラブリザードを放射する。

原始タイガー
（声の出演／山下啓介）
キバー族の母と呼ばれる魔女、スミロドーンが変身。炎を吐く。

吸血マンモス
（声の出演／峰恵研）
キバ男爵の真の姿。長い鼻を使って人間の生き血を吸う。

デストロン ツバサー族怪人

翼を持った動物や鳥類等の怪人や、空中飛行能力を与えられた植物の怪人が存在する。ツバサ大僧正の指令を受けて世界各地から飛来し、日本征服作戦やV3への攻撃を実行する。

火炎コンドル
（声の出演／倉口佳三）
南米ペルーのインカ帝国遺跡からきた。口から火炎を放射。

木霊ムササビ
（声の出演／沢りつお）
人間をムササビ化する毒をばら撒く。腕からミサイルを発射。

殺人ドクガーラー
（声の出演／辻村真人）
ビルマのジャングルから飛来。羽から毒鱗粉や毒蛾を飛ばす。

バショウガン
（声の出演／山下啓介）
人間を地中に引きずり込んで誘拐し、毒液によって縮小する。

死人コウモリ
（声の出演／辻村真人）
ツバサ大僧正が変身。団地の住人に強力な細菌を植えつける。

結城丈二

（出演／山口　暁）

デストロンに利用された悲劇の天才科学者！

↑科学グループを指揮し、世界平和のために機械合成怪人を製作してきた。

↑デストロンを正義の組織と信じ、研究に身を投じていた。

↑大幹部となったヨロイ元帥にとって結城は最も邪魔な存在。

↑頭脳派だが、優れた運動神経の持ち主でもある。

↑逆さ吊りにされ、硫酸のプールに落とされそうになる。

初めはヨロイ元帥への復讐だけを目的とし、ときには風見志郎と対立したが、彼の誠心誠意の忠告によって正義の心に目覚め、悪に立ち向かう。

↑赤ん坊を救うため、背中におぶって敵と戦う優しさを持つ。だが、赤ん坊は怪人の変身だった。

↑処刑寸前、助手たちの勇気ある行動で救われる。

↑将来的には大幹部の地位も嘱望されていた。

↑彼を救い、右腕の改造手術に協力してくれた助手たちは、カマクビガメによって殺されてしまう。

無実の罪を着せられ、右腕を失う!

　元々はデストロンの科学グループに所属するエリートだったが、ヨロイ元帥に着せられた無実の罪により、硫酸のプールで処刑されそうになる。その際、右腕を溶かされるが助手たちの協力でアジトを脱出。失った右腕に改造手術を施し、復讐の鬼として蘇った。

ライダーマンマシーン

結城が製作した専用マシン。シートの下にライダーマンのマスクを収納する。

←ロープアームの先に付いたフックを敵の体に引っ掛け、投げ飛ばす。

↑デストロンのアジトに侵入しヨロイ元帥に捕らえられる。

←デストロン怪人の戦闘力にはまるで敵わず、V3に救出される事が多かった。

↑パワーアームは電磁力を帯びた万力である。

改造手術が施された右腕に研究中のアタッチメントを装着!

結城丈二が、デストロンが最も忌み嫌う仮面ライダーの姿を模したマスクと強化服を身に着けた姿。改造された右腕に自身が研究・開発したアタッチメント（カセットアーム）を装着するが、他の部分は生身であるため戦闘力は高くない。

↑自身の復讐を優先するあまり、共闘を唱えるV3と対決してしまう。

↑カマクビガメの怪力攻撃にはなす術もない。

↑ロープアームからフックつきロープを射出。

↑ほかにスイングアーム、ドリルアーム、ネットアーム等を装着。

ライダーマン

ヨロイ元帥への復讐心を捨て、大きな使命に目覚めた男！

↑V3と力を合わせ、敵のアジトを探す。

↑怪人から少年を守り、戦うようになっていく。

ヨロイ元帥

自らの保身のため、結城を罠にかける！

〔出演／中村文弥〕

↑ライダーマンを捕らえ、偽者をV3のもとへ送り込んだ。

デストロン最後の大幹部！

ヨロイ一族を指揮する、デストロン日本支部最後の大幹部。恐るべき冷血漢であり、己の保身のために組織の科学者、結城丈二を抹殺しようとした。高い行動力を持ち、首領の信頼は厚い。

デストロン ヨロイ一族怪人

体が鎧のように硬い生物の改造人間。これまでの怪人よりも凶暴な性格と強い戦闘力を持つ。

ガルマジロン

〔声の出演／西崎章治〕

組織の奴隷を使って風見を始末しようとする。人体を溶かす鱗を投げる。

カタツブラー

〔声の出演／辻村真人〕

人間の体内に小型のカタツムリを植えつけ、自在に操る実験を行う。

カマクビガメ

〔声の出演／槐柳二〕

結城丈二と、その助手の暗殺が使命。首を伸ばして敵を体内に引きずり込む。

サイタンク

〔声の出演／西崎章治〕

子供を誘拐し、組織の幹部候補生にしようとする。恐るべき怪力を発揮。

シーラカンスキッド

〔声の出演／沢りつお〕

風見たちの抹殺が目的。口から風船爆弾を射出。

にせライダーマン

シーラカンスキッドが化けた偽の戦士。

オニヒトデ

〔声の出演／飛代驍〕

体を小型のヒトデに分離させ、人間を襲う。

カメレオン

〔声の出演／山下啓介〕

風見の頭部にバタル弾を撃ち込み、改造人間としての戦力・能力を奪った。

吸血カメレオン

〔声の出演／山下啓介〕

カメレオンが強化改造されたもの。長い舌を伸ばし、子供の生き血を吸う。

ザリガーナ

〔声の出演／沢りつお〕

ヨロイ元帥の真の姿で、東京攻撃とV3抹殺が使命。自身の甲羅を投げる。

再生怪人軍団

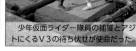

少年仮面ライダー隊員の捕獲とアジトにくるV3の待ち伏せが使命だった。

デストロン親衛隊

首領の警護を担当する直属の戦闘員。専用のコスチュームを着用している。

デストロン首領

〔声の出演／納谷悟朗〕

組織を支配するドクロの怪人で、心臓だけが動いている。真の正体は不明。

暗黒組織 デストロン

3人ライダー

デストロンの大攻勢を察知し、1号、2号が海外より帰国!

↑砲撃を受けた風見を介抱しながら新たな敵の存在を予感。

↑その後も、キバ一族に苦戦するV3を助けに現れた。

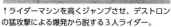

↑ライダーマシンを高くジャンプさせ、デストロンの猛攻撃による爆発から脱する3人ライダー。

↑タイホウバッファローを取り囲み、次々と必殺技を放つ。

3人の力が遂に結集される!

　カメバズーカとともに爆死したと思われていたダブルライダーは、遠いオーストラリアからV3を見守り続けていた。そして、デストロンの四国占領作戦を阻むために帰国し、3人の仮面ライダーは再び日本で結集する。

仮面ライダーX

1974年(昭和49年)2月16日〜
10月12日放映

制作スタッフ
原作／石森章太郎（現・石ノ森章太郎）企画／平山亨・阿部征司 脚本／長坂秀佳・伊上勝・鈴木生朗・村山庄三・島田真之・平山公夫・中瀬当一 監督／折田至・内田一作・田口勝彦・山田稔 音楽／菊池俊輔 撮影／川崎龍治 照明／太田耕治・安藤真之介・竹山隆 美術／島田定信（エキスプロダクション）仕上げ製作／映広音響 録音／太田克己 編集／菅野順吉 効果／協立効果 現像／東映化学 記録／紀志一子 助監督／高橋正治ほか 衣裳／東京衣裳 技斗／高橋一俊 殺陣／大野剣友会 進行主任／大里俊博・伊東隆造ほか トランポリン／大野剣友会（佐藤巧）制作担当／佐久間正光 制作／毎日放送・東映

父の叫びは波の音。
引き抜け、
怒りのライドルを！

↑幼い頃から父に鍛えられ、空手、柔道の技に秀でている。

変身ベルト、ライドルの左右にあるレッドアイザーとパーフェクターを顔に装着し、仮面ライダーXへとセタップ。

GOD_{ゴッド}秘密機関の襲撃を受け、命を落とす！

　沖縄の水産大学に通う神敬介は帰京した際、人間工学の権威である父とともにGOD秘密機関の襲撃を受け、命を落としてしまう。だが瀕死の父の手で改造手術が施され、深海開発用改造人間・カイゾーグとして復活し、GODの野望に立ち向かう唯一人の存在となった。

神 敬介

→GOD戦闘工作員の銃弾を受け、一度は命を落とす。

↑父が研究、開発していた技術により、新たな力を手に入れる。

↑父の記憶が移植された神ステーションの中で、悪と対決する決意を固めた。

瀕死の父の手で深海開発用改造人間に改造された悲劇の青年！

（出演／速水 亮）

オートバイテクニックは、一流レーサーに匹敵！

唯一の肉親である父と、許嫁だった水城涼子の死を乗り越えた敬介は、GOD秘密機関との対決に身を投じていく。潜在的に身についている優れたオートバイテクニックを生かして悪に立ち向かうと同時に、戦いの中で知り合った立花藤兵衛の全面的協力を受け、仮面ライダーとしての成長も遂げていったのだ。

↑オートバイを走行させながら、素早く仮面ライダーXへと変身。

↑立花が経営するコーヒーショップ・COLが敬介の活動拠点となる。

↑得意の武道の技で、GOD戦闘工作員を次々と粉砕していく。

↑GOD秘密警察のアポロガイストが、敬介（X）の宿敵となった。

↑変身前でも再生怪人軍団に怯まず、立花や仲間たちを救出した。

↑特殊な吹き矢を発射し、工作員を倒す。

↑涼子は、敬介が心を許す存在だった。

↑体内にマーキュリー回路をセットされてパワーアップ。仮面ライダーXに大変身するようになる。

↑人間に化け、少女を騙して連れ去らんとする怪人の悪事を暴く。

立花藤兵衛（出演／小林昭二）

歴代仮面ライダーの後見人として、神敬介の活躍を支援する。

神 啓太郎（出演／田崎 潤）

城北大学教授で人間工学を研究する科学者。敬介の父である。

水城涼子（出演／美山尚子）

GOD秘密機関の一員だと思われたが、国際警察の調査員だった。

水城霧子（出演／美山尚子）

敬介にGODの情報を伝える謎の女性で、その正体は涼子の妹。

マコ（出演／早田みゆき）

城北大学に通う学生で、敬介によって怪人から救出される。

チコ（出演／小坂チサ子）

友人のマコとともにCOLでアルバイトを続ける女子大生。

誓いを果たす時まで！

仮面ライダーX

人間工学の粋を結集し、製作された"カイゾーグ"！

↑敵との接近戦で多用する鋭い剣、ライドルホイップ。

↑ライドルロープは敵を捕獲する際に用いられる。

↑棒術戦闘や空中回転の際、威力を発揮するライドルスティック。

↑ライドルにあるHのボタンがホイップ、Rがロープ、Lがロングポール、Sがスティックである。

↑伸縮自在なロングポールは、谷を飛び越える時に使用。

変身ベルト"ライドル"から4種に変形する武器を抜く！

神啓太郎教授が息子である敬介の体を改造し、完成させた深海開発用改造人間・カイゾーグで、その強靭な肉体は深海1万mの水圧にも耐えられる。変身ベルト、ライドルのグリップのボタン選択によって4種の武器を登場させ、状況に応じた戦闘を展開し、強力なXキックで止めを刺す。また、パワーアップ後は真空地獄車という新必殺技も身につけた。

↑激しい川の流れの中で
も十分に戦闘力を発揮。

↑敵の動きを瞬時に捉え、
素早く攻撃を回避する。

↑怪人との騎馬戦でも抜群
の乗馬技能を見せた。

↑空中高く飛翔して必殺技、
Xキックを炸裂させる。

↑必殺技を命中させた敵
の最期を見届ける。

↑過酷な環境に対応できるように設計され
た全身は、防弾・耐熱機能も有している。

↑父の遺志を受け継ぎ、仮面ライダーXとなった敬介は初決戦でネプチューンと激突する。

↑戦闘工作員の集団攻撃をライドルスティックで蹴散らす。

↑怪力ヘラクレスに武器をねじ曲げられ、反撃ができない。

↑サイドカーに乗ったメドウサに、クルーザーで対抗。

↑キプロクスのパンチに苦しみながらも全力で反撃。

↑ニーキックでミノタウロスの盾攻撃を打ち返す。

↑高速移動するアキレスの動きを見極め、Xパンチを放つ。

→キックでヒュドラーの首を吹っ飛ばしたが、すぐに再生してしまう。

→死神クロノスの大鎌をライドルスティックで弾き飛ばす。

↑宿敵・アポロガイストと対決し、辛くも勝利を手にした。

↑少年を人質に取るアルセイデスとの対決で危機に陥る。

←殺人スモッグ作戦を阻止するため、ユリシーズに挑む。

再生復活したアポロガイストは、自身の命を維持するために必要なパーフェクターを狙い、Xに最後の戦いを挑んできた。

迫りくるGODの使者たち!

怪人との激闘を繰り広げる仮面ライダーXの前に、GOD秘密警察第1室長アポロガイストや巨大幹部キングダーク等、強敵が次々と出現。彼の戦いはこれまで以上に熾烈を極める事となった。

↑アポロガイストの指令で襲いかかってきた再生怪人を次々と粉砕。

苦闘！次々と出現する強敵に命を懸けて立ち向かう！

↑アポロガイストの死後、キングダークに率いられた悪人軍団がXの前に出現。

↑悪人軍団の怪人は、キングダークが必要とするRS装置の設計図を狙って暗躍した。

東京から全ての水を奪おうと企む新怪人コウモリフランケンが、再生怪人とともに仮面ライダーXを襲う。

↑Xは、歴代ライダーの協力を得て、敵の野望を粉砕する。

↑設計図の秘密を握る少年をカブト虫ルパンから防衛。

↑サソリジェロニモの槍攻撃をライドルスティックで砕く。

苦闘！

←カイゾーグの特性を生かし、ヒトデヒットラーと海上戦を行い、勝利する。

クモナポレオンに敗れたXは、マーキュリー回路で戦闘力を強化し、新必殺技で強敵を倒す。

↑エネルギーを奪い取った敵に、怒りの鉄拳を浴びせる。

↑怪人が化けた偽者に真の力を見せつける。

↑ヒルドラキュラの住処、底なし沼での激闘。

↑Xはトカゲバイキングから人質を奪還する。

↑少女に化けた卑怯な怪人を真空地獄車で粉砕。

↑RS装置の設計図を奪った怪人を撃破。

↑サソリジェロニモJr.とマシン戦で対決。

↑最高時速700㎞で走行し、敵が設置した地雷が爆発する前に走り抜ける。

←高速走行の際は、アクセルターンでマシンを急停車させる。

神ステーション
神教授が密かに建造した海底基地だが、自爆してしまった。

クル

→Xの脳波で遠隔操作する事も可能。無人走行で現場に駆けつける。

↑1500kWの太陽エンジンからプラズマを発生させ、走行。

↑クルーザー強行突破やクルーザー大回転等のマシン戦法を発揮できる。

↑前輪を浮かせて敵を撥ね飛ばすクルーザーアタックも多用される。

↑クルーザーには通常のオートバイの状態に変形する機能はない。

"カイゾーグ"専用マシンとして開発!

神教授が仮面ライダーXのために設計・開発していた万能マシン。地上走行は勿論の事、車体前面の左右に装備したターボプロペラを最高出力で回転させて空中を飛行し、後部のスクリューで水上・水中を高速航行する事も可能である。

↑前部のスペクトラムビームからは、赤外線やX線の照射が可能である。

↑200mのジャンプ力を持ち、深海1万mの水圧に耐えられる構造。

―ザー陸上、水上、水中、空中など、あらゆるフィールドで高機動性能を発揮!

GOD秘密機関

対立する大国同士が水面下で結成した、闇の政府

日本壊滅を目的とする！

　対立する大国同士が水面下で手を結び、密かに結成した闇の政府であり、その正式名称は（Government Of Dark）。日本壊滅を企み、国内でのテロ活動や海外要人の誘拐等の計画を密かに実行して世界での信頼を失墜させる事が当初の目的であったが、最終的な狙いは世界征服。

↑これまでの悪の組織とは違ってその存在は厳重に隠されており、知る者は少ない。

↑高名な科学者を次々と脅迫し、悪魔的な発明をさせる。誘拐の手口も巧妙である。

↑仮面ライダーXの戦闘力に対抗できる強力怪人の製作も常に行っていた。

GOD総司令
組織員にも姿を見せず、テープレコーダーで指令を伝える。

（声の出演／阪修）

GOD戦闘工作員
怪人の補佐は勿論、諜報活動や破壊工作等を実行するスパイ。

（声の出演／打田康比古）

アポロガイスト

Xライダーの抹殺に全力を傾ける、殺人マシーン！

GOD秘密警察第1室長！

総司令から怪人を処刑する権限を与えられ、GODの殺人マシーンとも呼ばれる。秘密警察第1室長として組織員を監視する一方、秘密裏に壊滅作戦を推進。

怪人を指揮して前線に赴き、仮面ライダーXと対決する。

青年アポロガイスト

（出演／打田康比古）

アポロガイストが隠密行動をとる際に変身。専用マシンを使用。

（声の出演／打田康比古）

再生アポロガイスト

Xに敗れたアポロガイストが再生手術を受け、強化して蘇った姿。しかし、手術は不完全でその余命はわずか1ヵ月。

キングダーク

GOD悪人軍団を率いる巨大ロボット幹部！

←当初は立ち上がる事ができず、アジトに横になったまま、悪人軍団を指揮した。

呪博士

（声の出演／和田文雄）

キングダークを体内から操縦していた、GODの支配者。

↑体内にRS装置を内蔵し、完全体となって出撃してきた。

（声の出演／和田文夫）

RS装置の設計図奪取を目論む！

GOD秘密機関内の新組織「悪人軍団」を支配する大幹部で、その正体は無敵の巨大ロボット。高エネルギー転換メカ・RS装置の設計図を巡り、Xと対立する。

GOD秘密機関 神話怪人

優れた能力を持った人間に改造手術を行い、ギリシャ神話に登場する神々、怪物を模した姿と戦闘力・超能力を与えたもの。アポロンの宮殿から発せられる総司令の指示により、破壊活動を実行する。

ネプチューン （声の出演／山下啓介）

神教授と息子の敬介を暗殺し、研究資料を奪う。口から溶解液を噴射。

パニック （声の出演／沢りつお）

笛の音で人間に催眠術をかけ、殺し合いをさせる。角から弾丸を撃ち出す。

ヘラクレス （声の出演／沢りつお）

アダブ王国の特使を誘拐し、日本への石油輸出を停止させようと企む。

メドウサ （声の出演／松金よね子）

猛毒成分を含むアルファガスの製造書類を奪取する。殺人レーザーを発射。

キプロクス （声の出演／八代駿）

子供たちを誘拐して冷凍保存し、日本征服後に奴隷化する計画を実行した。

ミノタウロス （声の出演／西崎章治）

ゲリラを利用して日本に内乱を起こそうとする。角ロケットで敵を爆破。

イカルス （声の出演／市川治）

天才人間計画を推進する科学者をGODに引き込もうとする。空中を飛行。

鉄腕アトラス （声の出演／沢りつお）

新エネルギー資源の調査を妨害する。頭部で地面を叩き、地震を発生させる。

マッハアキレス （声の出演／八代駿）

人間を操り人形にするドリームビールスの実験を行う。高速走行が可能。

プロメテス （声の出演／西崎章治）

ドリームビールスに冒された人間を破壊工作員にする。ナパーム弾を発射。

ヒュドラー （声の出演／辻村真人）

現金を強奪して日本経済を混乱させる。首を切られても短時間で再生可能。

キマイラ （声の出演／西崎章治）

超心理学者を組織の一員にするため、家族を誘拐する。口から火炎を放射。

ユリシーズ （声の出演／市川治）

殺人スモッグを使った東京全滅作戦を実行。弓と剣、冠で敵を抹殺する。

死神クロノス （声の出演／沼田曜一）

アポロガイストの手術を行う科学者をアポロンの宮殿へ招聘。大鎌が武器。

ケルベロス （声の出演／西崎章治）

体内に蓄電した5万Vの電流を利用し、東京中を火の海にしようと企む。

アルセイデス （声の出演／八代駿）

口から放射するガスで人間を木にする実験を行う。蔓の鞭と短剣で攻撃。

キャッティウス （声の出演／沢りつお）

爪に仕込んだビールスで人間を猫人間にする、化け猫作戦を実行した。

オカルトス （声の出演／辻村真人）

死体を自在に操る能力とフォログラフィーを利用し、街を混乱させる。

サラマンドラ （声の出演／市川治）

自身の血液を人間に注入し、蛇人間にする計画を実行。石化泡を吐き出す。

再生怪人

GODの科学力で再生された3怪人。アポロガイストの命令でXを襲う。

GOD秘密機関 悪人軍団

歴史上に悪名を轟かせた犯罪者や独裁者、怪物の死体を発掘し、それに動植物、昆虫の能力を植え付けて怪人化したもの。組織の支配者、キングダークの命により、ＲＳ装置の設計図獲得を最優先で実行する。

ジンギスカンコンドル

（声の出演／八代駿）

吸血ピールスを使い、人間を吸血鬼にする計画を行う。口から速射砲を撃つ。

ガマゴエモン

（声の出演／沢りつお）

ＧＯＤ科学開発局長が隠したＲＳ装置設計図の回収が使命。火焔油を出す。

コウモリフランケン

（声の出演／辻村真人）

Ｘの戦闘データを元に、指令状の機能を身につけた怪人。武器は機関砲。

再生怪人軍団

東京中の水を涸らす、東京カラカラ作戦を行う18体の再生怪人たちである。

サソリジェロニモ

（声の出演／八代駿）

9枚に破られたＲＳ装置の設計図の一片を狙う。トマホークと槍で攻撃。

カブト虫ルパン

（声の出演／西崎章治）

背中に設計図を転写された2人の少年を襲った。ギロチンハットを飛ばす。

ヒトデヒットラー

（声の出演／辻村真人）

科学者が所有する設計図を手に入れようとした。ヒトデロケットを発射。

再生怪人軍団

講釈師に化け、仮面ライダーの評判を貶める話を広めようとする再生怪人。

クモナポレオン

（声の出演／沢りつお）

蜘蛛の巣ジャングルでＸのエネルギーを奪い、一度は倒した。

再生怪人

マッハアキレスとサラマンドラが再生された姿。クモナポレオンの指令でＸを襲い、救出のために帰国したＶ3をも攻撃。

カメレオンファントマ

（声の出演／八代駿）

バレリーナが持つ設計図を狙う。長い舌を使って敵を拘束。

にせＸライダー

（声の出演／峰恵研）

変装術に長けたカメレオンファントマが変身した偽のＸ。

ヒルドラキュラ

（声の出演／西崎章治）

吸血鬼増殖計画の中止を条件に、敬介が持つ設計図を奪う。

トカゲバイキング

（声の出演／市川治）

口から放出する緑色のガスで人間をトカゲ人間に変貌させる。

アリカポネ

（声の出演／山下啓介）

巨大な催眠蟻で人間を奴隷化する。葉巻から吹き矢を発射。

ムカデヨウキヒ

（声の出演／能瀬礼子）

少女に化け、敬介が持つ設計図を狙う。ヌンチャクの達人。

タイガーネロ

（声の出演／八代駿）

9枚の設計図を手中に収めたエース怪人。サーベルが武器。

サソリジェロニモ Jr.

（声の出演／山下啓介）

サソリジェロニモの息子で、父の仇であるＸの抹殺が目的。

←死んだと思われていたライダーマンも、タヒチから駆けつける。

←1号はニューヨークから帰国。怪人の砲撃の中をXたちとともに進む。

←コウモリフランケンを取り囲み、最後の攻撃を開始。

↑5人ライダーのエネルギーを集めて繰り出す合体技、Xライダースーパー5キックを敵に炸裂させる。

↑パリからきた2号は、怪力パンチ攻撃で再生怪人を次々と粉砕した。

5人ライダー

GOD悪人軍団の総攻撃に対抗するため、世界各地より結集する!

↑一文字隼人、風見志郎、神
敬介によるトリプル変身。

↑強敵、タイガーネロを
連続攻撃によって粉砕。

5人の新合体必殺技が炸裂!

　世界各地で活躍していた歴代の仮面ライダーが
GODの大戦略、東京カラカラ作戦を察知して日
本に帰国。ここにXを交えた5人ライダーが結集
を果たし、悪の野望は脆くも打ち砕かれた。その
後、Xの危機にV3、RS装置を巡る争奪戦にV
3と2号が登場し、激しい戦いが展開されたのだ。

↑モズクワからきたV3
が瀕死状態のXを救出。

↑マーキュリー回路を内
蔵し、敬介を復活させた。

制作スタッフ
原作／石森章太郎（現・石ノ森章太郎）企画／平山 亨・阿部征司 脚本／大門 勲・鈴木生朗・伊上 勝・村山庄三・松岡清治 監督／塚田正熙・山田 稔・内田一作・田口勝彦・折田 至 音楽／菊池俊輔 撮影／川崎龍治 照明／竹山 隆・安藤真之介 美術／島田定信・山口 熙（エキスプロダクション）仕上げ 製作／映広音響 録音／太田克己 編集／菅野順吉 効果／協立効果 選曲／宇賀神守広 現像／東映化学 記録／紀志一子ほか 助監督／長石多可男ほか 衣裳／東京衣裳 メークアップ／小山英夫ほか 装置／阿部幸夫ほか 技斗／高橋一俊 殺陣／大野剣友会 トランポリン／大野剣友会（佐藤 巧・湯川泰男）進行主任／大里俊博・古市勝嗣ほか 制作担当／伊東暉雄 制作／毎日放送・東映

人か？野獣か？
密林からきた
凄い奴！

仮面ライダー
アマゾン

1974年（昭和49年）10月19日～1975年（昭和50年）3月29日放映

→腕輪の移植と同時に生体改造を施され、超人的なパワーを身につけた戦士に変身するようになった。

↑当初は高坂の親、岡村まさひこだけに心を許す。

↑常人を遥かに超越した運動能力を持った野生児。

↑悪の組織から救出した獣人とも仲間になる。

（出演／岡崎 徹）

アマゾン（山本大介）

南米アマゾンで育った日本人野生児！

古代インカ帝国の秘宝の鍵を守る！

　23年前に南米アマゾンの奥地で発生した飛行機事故で奇跡的に生き残り、ジャングルの野生動物に育てられて成長した日本人青年で、本名は山本大介。現地に住む一族の長老バゴーによって古代インカ帝国の秘宝の鍵となるギギの腕輪を移植され、催眠暗示に従って日本に上陸。秘宝の秘密を知る人物、高坂教授を探した。

文明社会から隔離されたゆえの孤独!

　故国に戻ったアマゾンだったが、文明を知らない彼にとって日本はまさに秘境であった。また、言葉が解らないために誤解を受けることも多く、孤独感に苛まれていく。しかし、そんなアマゾンを友人と考える岡村まさひこや立花藤兵衛の支援によって徐々に周囲の人々から理解されるようになっていく。勇気と力を手にしたアマゾンはジャングルでの生活で身につけた戦力・能力を最大限に発揮し、ギギの腕輪を狙うゲドン、ガランダー帝国に立ち向かうのであった。

↑オートバイを嫌っていたが、立花
の特訓により乗りこなすようになる。

↑叫び声を上げながらポーズをとり、
仮面ライダーアマゾンに変身。

↑インカの縄文字を解読し、初めてギギの腕輪の秘密を知った。

↑変身前でも獣人と対決するが、さすがに生身では敵わない。

↑獣人との対決で傷を負うことも多いが、立花やモグラ獣人に救われる。

↑「友達」のハンドサインによって、まさひことの友情を育む。

↑ゲドンの赤ジューシャが結成したオートバイ部隊を蹴散らす。

↑獣人に敗れた後、初めてゲドンの首領・十面鬼ゴルゴスと対面。

↑冬には岡村りつ子が作った服を着用し、日本語も話すようになる。

→まさひこの危機を察知するとどこからともなく登場し、敵と対決する。

主要登場人物

立花藤兵衛 （出演／小林昭二）

アマゾンと出会い、彼の戦いをサポート。現役のレーサーである。

長老バゴー （出演／明石潮）

古代インカ帝国の流れを汲む一族の老科学者。改造秘術の持ち主。

岡村りつ子 （出演／松岡まり子）

当初はアマゾンを誤解していたが、やがて理解者になっていく。

岡村まさひこ （出演／松田洋治）

好奇心が強い小学2年生。アマゾンと友情の誓いを立てている。

大自然の叫び！

↑コンドルジャンプと呼ばれる跳躍戦法で、敵めがけて飛びかかっていく。

↑ベルトのコンドラーから取り外した万能ロープを使用し、木から木へ飛び移る。

↑ギギの腕輪は、アマゾンが死ぬまで絶対に左腕から外せないらしい。

↑獣のような戦闘ポーズをとり、敵への攻撃のタイミングを探っていく。

仮面ライダーアマゾン

野獣の敏捷性、戦闘技能を有する肉弾戦士!

原始爬虫類
マダラオオトカゲの能力を移植!

古代インカ帝国の秘術で改造されたアマゾンが変身する、マダラオオトカゲの能力を有した戦士。その敏捷性や戦闘技能は限りなく野獣に近く、爪や牙、手足に生えた鰭、高い跳躍力等を使って敵と激しい肉弾戦を繰り広げる。

↑万能ロープは獣人を捕える際にも使用する。

↑戦いの中で、アマゾンライダーキックを身につけた。

↑森林の中に隠れ、獣人を待ち受け、襲いかかる。

←獣人の攻撃で視力が低下した時、目が黄色くなった。

←鋭利な爪で敵の体を引き裂く技、モンキーアタック。

↑敵の獣人を倒した後、アマゾンは勝利の叫び声を轟かす。

↑アマゾンに仮面ライダーの名を与えた人物は、岡村まさひこだった。

↑日本に上陸したアマゾンは、倉庫街でゲドンの刺客、クモ獣人と激突し、敵を後退させる。

↑空を飛ぶ獣人吸血コウモリを地上に引きずり下ろし、ジャガーショックを浴びせる。

ゲドンの秘密を知る人物を襲う獣人大ムカデに挑んだアマゾンは、必殺の大切断を炸裂させる。

↑野生の本能のままにカマキリ獣人と対決。敵の大鎌を巧みにかわし、反撃のチャンスを探る。

↑大切断で傷を負わせたモグラ獣人とは、後に仲間となる。

↑インカの縄文字を奪おうとする獣人ヤマアラシを投げる。

↑ヘビ獣人の尻尾に捕らわれ、呑みこまれそうになった。

爪、牙、鰭の攻撃が獣人に炸裂!

　仮面ライダーアマゾンは野生の血を滾らせ、ゲドン、ガランダー帝国の獣人に対して怒りの猛攻撃を仕掛けていく。野生で鍛えられ、生体改造によって強化された肉体のパワーを駆使して敵に突進。噛みつき、引き裂いて戦闘力を低下させ、必殺技・大切断で止めを刺すのだ。

↑周囲の人間の誤解を解くため凶暴なワニ獣人に挑みかかる。

↑カニ獣人との対決で人間を救い、りつ子の誤解が解ける。

↑黒ネコ獣人の敏捷な攻撃と毒の爪にアマゾンは苦戦。

↑獣人カタツムリの肩に飛び乗り、危険な泡攻撃を防ぐ。

↑人間が改造されたトゲアリ獣人は、手強い敵だった。

↑獣人ヘビトンボは幼虫から成虫となり、再攻撃してくる。

速攻!
東京ジャングルに戦士の叫びが木霊する!

↑遂に出撃してきた十面鬼ゴルゴスの右腕を大切断で切り落としたが、そこに嵌められていたガガの腕輪は新たな敵に奪われる。

→大地震作戦を推し進めるハンミョウ獣人を、大切断で粉砕する。

万能ロープでゲンゴロウ獣人を捕まえ、石油コンビナートの破壊を防ぐ。

↑ゲドンを倒したアマゾンの前にガランダー帝国が出現。

↑ガランダー帝国の第1の戦士、ハチ獣人を追い詰める。

↑視力を奪われたアマゾンは音を頼りに獣人を攻撃した。

↑モモンガー獣人の空爆に苦戦したが、万能ロープで敵を地上に引きずり下ろし、アマゾンライダーキックを決める。

速攻！

↑サンショウウオ獣人に腕を噛み切られそうになる。

↑獣人が化けたにせアマゾンライダーを野生の力で撃破。

↑ガランダー帝国のアジトに
突入。黒ジューシャを倒しな
がら、首領のゼロ大帝を探す。

↑アジトの最深部にいたゼロ
大帝を発見。ギギとガガの腕
輪を合体させ、超パワーを身
につけたアマゾンは最強の技、
スーパー大切断を炸裂させる。

↑ジャングラー自体に変形機能はなく、仮面ライダーに
変身する前のアマゾンも常用している。

↑オートバイに造詣が深い
立花が、心血を注いで製作。

↑50mのジャンプ力を生かし、敵
めがけて突撃戦法を敢行する。

↑ガランダー帝国のオートバイ部隊
と激しい追撃戦を展開。

ジャングラー 古代インカ帝国の
動力源とした高性

↑アマゾンの脳波によって遠隔操作する事も可能である。

↑ジャングラーに乗ったままライダーに変身する事もある。

↑カウルからトカゲ型の赤い舌を発射し、敵を攻撃。

長老バゴーから送られた設計図を元に、立花藤兵衛が製作！

古代インカ帝国の秘宝・太陽の石を動力源とした万能マシンで、長老バゴーによって設計され、その図面が高坂教授を通して立花藤兵衛に渡り、組み立てられた。最高時速300kmで地上を走行する事は勿論、後部のウイングを使用しての滑空も可能である。

秘宝〝太陽の石〟を能マシン！

ゲドン

古代インカ帝国の超エネルギーを狙う!

十面鬼ゴルゴスが支配する世界征服の野望に燃える組織!

古代インカ帝国の秘宝と呼ばれる超エネルギーを手中に収め、世界を手に入れようと企む十面鬼ゴルゴスが結成した悪の集団で、その秘密が隠されたギギの腕輪を狙ってアマゾンを執拗に襲う。

人面岩に自らの体を埋め込んだ怪物!
十面鬼ゴルゴス

（声の出演／沢りつお）

獣人を意のままに操る!
元は長老バゴーの弟子だったが、世界征服の野望に燃えて自らを改造。巨大な人面岩に自身の体と9人の悪人の脳を移植し、十面鬼と名乗った。

↑口から吐く泡の中から獣人を出現させる。空中飛行能力も持つ。

↑右腕に長老バゴーから奪い取ったガガの腕輪を装着している。

↑作戦に失敗した獣人は、容赦なく処刑してしまう。

↑凶悪な人間を改造し、獣人にする事もあった。

赤ジューシャ

女性だけで構成されたゲドンの諜報集団。戦闘行動は行わず、獣人の補佐や人間の誘拐等を担当する。

動物、昆虫等に人間の脳を移植して人間大化したものと、人間の体を改造して獣人化させたものがいる。その行動、戦法は野獣に近く、頭脳的な作戦よりも破壊活動を得意としている。

クモ獣人

（声の出演／林 一夫）

アマゾンを追って日本にきたゲドン獣人第１号。手の先から強い糸を出す。

獣人吸血コウモリ

（声の出演／市川 治）

人間の血をエネルギーとする獣人。飛行能力を有し、密林での戦闘も得意。

カマキリ獣人

（声の出演／山下啓介）

アマゾンを誘い出すため、釣り人らを襲撃した。口から麻痺泡を噴出する。

獣人大ムカデ

（声の出演／辻村真人）

オートバイ部隊を指揮し、アマゾンを攻撃した。巨大なムカデにも変身。

モグラ獣人

（声の出演／槐柳二）

アマゾンの抹殺に失敗し、処刑されそうになるが、アマゾンに命を救われた。地中を素早く移動する。

獣人ヤマアラシ

（声の出演／市川 治）

アマゾン、モグラ獣人の抹殺とインカ縄文字の奪取が使命。体を丸めて敵に突進し、刺を突き刺す。

ヘビ獣人

（声の出演／林 一夫）

狡猾な獣人で、人間たちにアマゾンを捕獲させ、ギギの腕輪を奪おうとする。巨大な口で敵の体を呑む。

ワニ獣人

（声の出演／八代 駿）

ゲドンの食糧とするために子供を誘拐し、燻製工場へ送った。敵に素早く接近し、怪力で襲いかかる。

カニ獣人

（声の出演／峰 恵研）

女性の血液を常食とする十面鬼のために少女を誘拐する。口から吐く泡で敵の動きを封じ、鋏で攻撃。

黒ネコ獣人

（声の出演／山下啓介）

対アマゾン用の獣人で、ギギの腕輪を奪取する事だけが使命。猛毒を含んだ爪で敵の体を引き裂く。

獣人カタツムリ

（声の出演／池水通洋）

まさひこを誘拐し、アマゾンを脅迫した。口から吐く泡で敵を麻痺させる。

トゲアリ獣人

（声の出演／市川 治）

アマゾンに捕まった赤ジューシャの奪還が目的。口から強力な蟻酸を出す。

獣人ヘビトンボ（幼虫）

（声の出演／峰 恵研）

赤ジューシャが化けた少女をアマゾンに接近させ、攻撃の手引きをさせた。

獣人ヘビトンボ（成虫）

（声の出演／峰 恵研）

獣人の幼虫が繭の中で変態。ガランダー帝国に協力し、十面鬼を攻撃する。

↑帝国の紋章はゼロ大帝の冠と同じ形。

↑作戦に失敗した者はゼロ大帝が処刑。

↑モグラ獣人を人食いカビで抹殺した。

日本征服作戦を実行!

ゲドンの陰で密かに暗躍し、十面鬼がアマゾンに倒された後に姿を現した新組織。その最終目的はゲドンと同じく古代インカ帝国の超エネルギーを手に入れ、世界征服を果たす事だが、その前に手始めに日本を手中に収めようとしていた。

ガランダー帝国
ゲドン以上の残虐性を持った組織

ゼロ大帝
ガランダー帝国に君臨する支配者!

（出演／中田博久）

パルチア王朝の末裔!

ガランダー帝国に君臨する王者。世界を手に入れて巨大な帝国を建設する野望に燃える。槍から大電流を放射。

↑獣人を指揮し、作戦を実行していたゼロ大帝は影武者だった。

↑真のゼロ大帝は、全ての悪の団体を支配する怪人物。

黒ジューシャ

男性のジューシャで戦闘用の兵士。空中から敵に襲いかかる。

製造法はゲドンの獣人と同様だが、それ以上に獰猛な性格で強い戦闘力を身につけている。また、ゲドン獣人とは違って高等知能を持ち、自らが攻撃作戦を立案する。人間の言葉も話す。

ハチ獣人

（声の出演／曽我部和行）

子供を誘拐してガランダーの僕である蜂の子に改造。猛毒針で敵を殺す。

ゲンゴロウ獣人

（声の出演／林一夫）

自身の分身・小ゲンゴロウを操り、東京火の海作戦を実行。腕の鋏が武器。

ガマ獣人

（声の出演／辻村真人）

三原山と富士山を噴火させ、その溶岩を東京地下に流し込もうと企てた。

↑巨大な首を飛ばして敵を襲うが、その下にはもう一つの顔が隠されている。

ハンミョウ獣人

（声の出演／市川治）

人工地震発生装置ゼロを稼働させ、東京に大地震を起こそうとした。鋭い顎を手裏剣のように投げる。

フクロウ獣人

（声の出演／佐原公雄）

視力を奪った子供たちを操って少年ガランダー隊を結成し、地下鉄大洪水作戦に協力させようとした。

キノコ獣人

（声の出演／本塚正之）

毒キノコから精製した人食いカビで東京都民の抹殺を企む。体内でもカビを培養し、口から放射。

イソギンチャク獣人

（声の出演／本塚正之）

人間の血液を自身の血液と交換し、食人鬼にする。強い再生能力を持つ。

モモンガー獣人

（声の出演／佐原公雄）

古代インカの劇薬、インカリヤを東京上空にばら撒くことが使命。

サンショウオ獣人

（声の出演／辻村真人）

体内に持った毒で人間の皮膚を山椒魚状にする。アマゾン抹殺が目的。

にせアマゾンライダー

サンショウオ獣人が変身した姿。戦闘力は高いが、大切断はできない。

仮面ライダー ストロンガー

1975年（昭和50年）4月5日〜12月27日放映

天が呼ぶ、地が呼ぶ、人が呼ぶ

悪を倒せと俺を呼ぶ！

制作スタッフ
原作／石森章太郎（現・石ノ森章太郎）
企画／平山 亨・阿部征司 脚本／
伊上 勝・鈴木生朗・松岡清治・朴
山庄三・阿井文瓶・海堂 肇・大野
武雄 監督／塚田正熙・内田一作・
折田 至・山崎大助・加島 昭・山田 稔・
石森章太郎（現・石ノ森章太郎）音
楽／菊池俊輔 撮影／川崎龍治・さ
市勝嗣・高梨 昇 照明／安藤真之
介・城田昌貞 美術／島田定信・朴
丸博章（エキスプロダクション）仕
上げ製作／映広音響 録音／太田克
己 編集／菅野順吉 効果／平戸
靖・高松孝宣（イシダ・サウンド）
選曲／宇賀神守広 現像／東映化学
記録／徳永絵里子ほか 助監督／福
島孔遠ほか 衣裳／東京衣裳 メー
クアップ／小山英夫ほか 装置／阿
部幸夫 技斗／高橋一俊・岡田 勝
殺陣／大野剣友会 トランポリン／
湯川泰男 進行主任／古市勝嗣・伊
藤隆造ほか 制作担当／伊東曄雄
制作／毎日放送・東映

↑敵のアジトから抜け出す際、電波人間にされた岬ユリ子を救出し、仲間となる。

城 茂

（出演／荒木 茂）

親友を殺したブラックサタンに復讐するため自ら進んで改造手術を志願した男！

↑両腕のコイルアームを接触させて体内の電気をスパークさせ、ストロンガーに変身。

↑不敵な態度でブラックサタンの前に登場し、ダイナミックな戦法で蹴散らしていく。

日本各地をさすらい奇械人の野望を砕く！

元城南大学の3年生でアメリカンフットボール部のキャプテン。親友がブラックサタンに殺害された事を知り、組織への復讐を誓って単身潜入。自らの意思で改造手術を受け、改造電気人間・ストロンガーとなった。そして、自己催眠装置によって洗脳される危機を回避して組織を脱出し、各地をさすらいながらブラックサタンの奇械人との激闘を開始するのだった。

↑改造手術によって、強大な電気エネルギーとカブト虫のパワーを得る。

鳴り響く正義

↑急停車させたカブトローから飛び下り、ブラックサタン戦闘員を急襲。

↑デルザー軍団の攻撃に倒れた茂は、超電子ダイナモの移植手術によって以前よりも強力な戦士として蘇る。

の口笛！

↑ブラックサタンの大幹部怪人、デッドライオンの猛攻に苦戦。

↑怪力奇械人とローラウェイ上で激闘を展開。

↑一流のモトクロステクニックで、敵に突撃する。

↑変身前でも恐ろしいほどの怪力を発揮できる。

↑『変身、ストロンガー』の掛け声とともに変身。

→ブラックサタンの科学者の手で、改造電気人間の適性検査をされ、改造手術に臨んだ。

主要登場人物

立花藤兵衛
（出演／小林昭二）

オートレーサーの逸材を探す旅を続けているとき、茂と出会う。

正木洋一郎
（出演／小笠原博）

元ブラックサタンの科学者。茂に改造超電子人間の手術を施す。

熱血漢と冷静な戦略家の面を併せ持つ！

日本征服作戦を行うブラックサタン、デルザー軍団の前に、機械音的な口笛を吹きながら颯爽と現れる城 茂は、悪を許さぬ熱血漢で大胆な行動を見せる頼もしき兄貴的な存在である一方、鋭い観察力で状況を判断する冷静さを持つ戦略家の部分も併せ持っている。

仮面ライダーストロンガー

体内に強力な発電装置を内蔵した、改造電気人間！

↑体内の大電流を使って撃ち込む必殺技、電キック。

↑強い磁力で吸い寄せられるバスを怪力で押し戻す。

↑敵が放った火炎弾を優れた運動能力で蹴り返した。

↑爆破攻撃にも耐えうる強固な体で、敵に立ち向かう。

↑騎馬戦を展開し、戦闘員集団を蹴散らしていく。

多種多様な
電気技を繰り出す!

ブラックサタンが科学技術を結集し、製作した改造電気人間。全身にカブトムシの強靭な筋力を備え、体内に装備した高性能発電機から5万Vの電気を発生させ、多彩な強力電気技を炸裂させる。

↑電気マグネットで鉄を含んだ物体を引き寄せる。

↑敵の動きをライダービデオシグナルで視覚再生し、反撃。

↑奇械人の放ったワイヤーを摑み、怪力で引き寄せる。

↑変身直後、手足の赤いラインから大電流を放出する。

↑地面に電流を走らせる技、エレクトロファイヤー。

↑毒ガスを噴出する花で日本を滅ぼそうとする奇械人ガンガルを、ストロンガーが追い詰める。

↑簡易電キックで戦闘員の内部メカをショートさせる。

↑タンカー爆破を企む奇械人オオカミンに鉄拳が炸裂。

↑サソリ奇械人と対決し、誘拐された子供を救出。

↑秀才少年を狙うクラゲ奇械人を電パンチで攻撃する。

↑カブトムシの怪力を生かし敵の巨体を投げ飛ばす。

↑奇械人を指揮しての作戦をことごとくストロンガーに妨害されたタイタンは、自ら決戦に臨んだ。

↑タイタン亡き後のブラックサタンに、謎の騎士ジェネラルシャドウが加わり、ストロンガーに襲いかかってきた。

一撃必殺の電気技、超電子技を発揮！

ストロンガーは体内に秘めた大電流を使い、強烈な電気技を繰り出してブラックサタンの奇械人を次々と粉砕。遂に組織を壊滅させる。だが、より強力な敵・デルザー軍団の改造魔人には全ての技がきかず、苦戦を強いられるが、新たに手に入れた改造超電子人間のパワーを使い、敵を粉砕していった。

強靭!

カブトムシの優れた筋力と体から放出する大電流を発揮!

↑遠く離れた敵に電気地走り・エレクトロファイヤーを見舞う。

↑奇械人アリジゴクの罠で砂中に引き込まれるが、辛くも脱出。

↑奇械人ブブンガーの鋭い針を白刃取りで受け止め、叩き折る。

↑奇械人ケムンガの策略により、ストロンガーは繭に幽閉される。

↑復活した百目タイタンと最後の激闘を展開し、勝利した。

↑敵との対決で、敵の秘密の鍵、サタンペンダントを手に入れる。

↑敵の本部に向かうストロンガーをデッドライオンが襲撃する。

↑ペンダントに導かれたストロンガーは、敵の大首領と対決。

123

ブラックサタンを壊滅させた
ストロンガーではあったが、ジ
ェネラルシャドウによって遠い
魔の国から招聘された改造魔人
集団・デルザー軍団が日本に上
陸し、苦闘を余儀なくされる。

↑ストロンガーを倒し、組
織の主権を狙う鋼鉄参謀。

↑敵の恐るべき力の前に
ストロンガーは歯が立たない

↑敵に捕らわれ、電気パワー
の通じない網に幽閉された。

↑敵に必死の反撃を展開し
なんとか勝利を得る。

強靭!

↑ドクターケイトの猛毒を浴びて危機を
迎えながらも、全力で立ち向かった。

←ドクロ少佐の巧みな暗殺術に翻弄され、力が出せない。

→苦戦の中、超電子ダイナモを発動して敵に勝利。

←岩石男爵が仲間に唆されてストロンガーを襲撃する。

→敵の棍棒攻撃を防ぎ、超電子の力で反撃を開始。

↑プラズマエネルギーでパワーアップした狼長官と空中で激突。

↑ジェネラルシャドウの片腕といわれるヘビ女を打ち破った。

↑ストロンガー討伐のため強敵、磁石団長が出撃する。

↑コンビナート爆破を企む敵に、正義の怒りが爆発。

カブ

大気中の■
半永久的な

↑車体が軽く設計されており、200mもジャンプ力がある。

↑ブラックサタンのオートバイ部隊と激しいデッドヒートを繰り広げる。

↑敵の地雷などをマイクロコンピューターで感知。直前でかわす機能を持つ。

↑海岸の砂地や岩場なども高速で走行し、敵を追い詰める。

トロー

電気を吸収することで
走行が可能!

↑バッテリーに5万Vの電気を蓄積しており、エネルギーを失ったストロンガーの体に充電する事もできる。

↑カブトローには変形機能はなく、茂の姿でも常用する。

戦闘に適した機能を装備!

ストロンガーの専用マシンで、先端にある電光ライトから大気中の静電気を吸収し、半永久的に走行ができる。通常の最高時速は300kmだが、雷が発生している際には時速1010kmでの超高速走行も可能。電撃技・カブトローサンダーを放つ機能もある。

↑カブトローに乗ったまま、キックを放つ戦法も見せる。

↑特殊追跡装置や電磁センサー、電磁レーダーを装備。

↑ストロンガーの脳波で自動操縦される事もある。

岬ユリ子

茂の頼もしきパートナー！

（出演／岡田京子）

変身前のユリ子やタックルの
専用マシン。最高時速200km。

↑茂の旅に同行し、ブラックサタンに戦いを挑む。

↑改造人間としての戦力・能力はあまり高くない。

↑敵の罠にかかり、拉致される事も多かった。

↑兄が存在する事以外、過去の記憶を失っている。

↑ドクターケイトとの戦いには勝利するが、その後、立花藤兵衛の腕の中で静かに息を引き取る。

強敵との対決で戦死した悲劇の少女！

ブラックサタンのアジトで脳改造をされる直前にストロンガーに救出され、実戦パートナーとなった女性。兄のように慕う茂を危機から救うためにデルザー軍団の強敵、ドクターケイトに戦いを挑み、命を失う。

↑勝ち気な性格で茂に反抗する事もあるが、彼に特別な感情を持っている。

低い戦闘力で懸命に戦う!

岬ユリ子が変身する、ナナホシテントウを模した姿を持った改造電波人間。脳改造と同じく強化手術も受けていないためにその戦闘力は低く、通常技の電波投げで戦闘員に立ち向かっていく。

↑ブラックサタンに襲われた少女を全力で守り抜く。

↑ストロンガーとの連係攻撃で敵を次々と粉砕する。

↑奇械人の武器で自由を奪われ、苦戦を強いられる。

↑立花の協力でデルザー軍団の戦闘員をなんとか倒す。

↑ドクターケイトの毒ガスに冒され、余命が残り少なくなる。

↑圧縮した電波エネルギーで敵を投げ飛ばす技、電波投げで戦闘員と対決する。

↑最後の必殺技 "ウルトラサイクロン" は強烈な破壊力を持ってはいるが、自身の体がその衝撃に耐えられない。

↑変身前の茂とともにジェネラルシャドウを攻撃。

電波人間タックル

電波エネルギーをパワーとする女性改造人間!

人間を意のままに操る謎の節足生物、サタン虫を使って世界征服をもくろむ悪の秘密結社。大幹部であるタイタンやジェネラルシャドウの指揮の下、人間社会に攻撃を仕掛けてくる。

ブラックサタン

↑タイタンが中心となり悪の作戦を推進。

サタン虫による人類支配を画策！

↑サタン虫が取り憑いた立花を利用し、ストロンガーを襲撃させる。

↑不気味な儀式を行い、大幹部タイタンを蘇らせた。

←奇械人を使って社会の水面下で破壊活動を実行。

巨大なサタン虫！ ブラックサタン大首領

（声の出演／納谷悟朗）

人間を自由に操る！

組織の支配者で、その正体は巨大なサタン虫。瞬間移動能力を持っている。

ブラックサタン戦闘員

脳内に入ったサタン虫が操る下級兵士。組織のためには自らの死も恐れない。

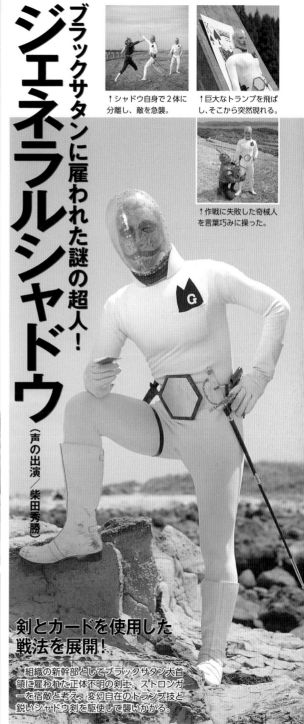

ブラックサタンに雇われた謎の超人！ ジェネラルシャドウ

〈声の出演／柴田秀勝〉

↑シャドウ自身で2体に分離し、敵を急襲。

↑巨大なトランプを飛ばし、そこから突然現れる。

↑作戦に失敗した奇械人を言葉巧みに操った。

剣とカードを使用した戦法を展開！

組織の新幹部としてブラックサタン大首領に雇われた正体不明の剣士。ストロンガーを宿敵と考え、変幻自在のトランプ技と鋭いシャドウ剣を駆使して襲いかかる。

〈声の出演／浜田 晃〉

タイタン

体内に8万度のマグマを蓄積する"改造火の玉人間"

奇械人を使い、人間社会を襲撃する！

ブラックサタンの大幹部で、体内に8万度のマグマを蓄積した"改造火の玉人間"。行動隊長として奇械人や戦闘員を指揮し、日本征服計画を推し進めた。

青年紳士タイタン

〈出演／浜田 晃〉

タイタンが人間社会で暗躍する際に変身する姿。ダンディズムを漂わせる。

百目タイタン

〈声の出演／浜田 晃〉

ストロンガーに敗れたタイタンが、ブラックサタンの呪いの棺の力で復活。

ブラックサタン 奇械人

動植物、昆虫をモチーフとして製作された戦闘用サイボーグで、メカニカルなボディーが特徴。通常は人間に変身して社会に潜伏しているが、サタン虫が脳を刺激すると本来の姿に戻り、敵に襲いかかる。

奇械人ガンガル

（声の出演／辻村真人）

ホバークラフトを占拠し、毒花の輸送船にする。腹部の顔から砲弾を発射。

奇械人オオカミン

（声の出演／沢りつお）

灯台にレーダー妨害装置をセットし、沖を通過するタンカーの爆破を企む。

サソリ奇械人

（声の出演／槐柳二）

子供を誘拐してブラックサタンレインジャー部隊の一員にしようとした。

奇械人ゴロンガメ

（声の出演／八代駿）

暴走族のリーダーに取り憑き、交通事故を多発させる。焼失粘液を放射。

奇械人トラフグン

（声の出演／山下啓介）

猛毒を学校給食に混入しようとする。ベルトから巨大な針を放ち、敵を倒す。

クラゲ奇械人

（声の出演／市川治）

↓頭の下に第2の顔がある。

天才少年の頭脳を奇械人に移植しようと企てた。口から麻酔液を放出。

奇械人ワニーダ

（声の出演／沢りつお）

ドライブインの客を組織の奴隷にする。巨大な尻尾と鋼鉄の牙が武器。

奇械人モウセンゴケ

（声の出演／安原義人）

人間を凶暴化させる毒液を貯水池に混入させる。頭部から溶解花粉を出す。

カマキリ奇械人

（声の出演／八代駿）

楽団の指揮者等に化け、特殊音波で人間を戦わせる。大刀と鎖分銅が武器。

奇械人ハゲタカン

（声の出演／沢りつお）

ガンマー虫を空中散布し、人間を操ろうとした。左腕にバズーカ砲を装備。

奇械人カメレオーン

（声の出演／沢りつお）

石油大国の国王を脅迫し、日本に石油ショックを起こそうとした。

クモ奇械人

（声の出演／辻村真人）

対ストロンガー用の強力奇械人。口から吐く糸で敵を捕らえ、抹殺する。

奇械人エレキイカ

（声の出演／八代駿）

岬ユリ子の兄になりすまし、ストロンガーたちを誘き出す。右手の鞭が武器。

奇械人メカゴリラ

（声の出演／沢りつお）

タイタンの葬儀に捧げる生贄の子供を誘拐。ゴリラ地震パンチが必殺技。

クワガタ奇械人

（声の出演／山下啓介）

重力制御装置の設計図を奪取する事が目的。鍬形状の両腕で敵を粉砕。

奇械人ブブンガー

（声の出演／市川治）

子供と自身の血液を入れ替え、意のままに操る。左腕の針で敵を刺し殺す。

コウモリ奇械人

（声の出演／沢りつお）

百目タイタンの命令でストロンガーを誘き出す。背中の翼で敵の体を切断。

再生奇械人

タイタンの遺体を復活祭会場に運ぶために蘇る。GODの怪人も登場した。

奇械人電気エイ

（声の出演／沢りつお）

洗脳した人間を操り、底なし沼にストロンガーを誘き寄せて襲いかかる。

奇械人毒ガマ

（声の出演／沢りつお）

ブラックサタンの毒ガス工場をガードする。口から毒ガマ毒ガスを噴射。

奇械人アリジゴク

（声の出演／八代駿）

原子力研究所の科学者を誘拐し、百目タイタンの右肩修復を強要する。

サメ奇械人

（声の出演／市川治）

ブラックサタン海底基地を防衛する。右腕からシャークロケットを撃ち出す。

奇械人ケムンガ

（声の出演／辻村真人）

ストロンガーとともに繭に包まれ、その中で倒そうとする。左腕の針が武器。

奇械人ドクガラン

（声の出演／辻村真人）

ケムンガが成虫となった姿。背中の羽から毒鱗粉、口から針を出す。

奇械人ハサミガニ

（声の出演／林一夫）

人間を誘拐し、要塞島の作業員にする。胸から敵に幻覚を見せる泡を放出。

奇械人アルマジロン

（声の出演／池水通洋）

デッドライオン直属の奇械人。突進でストロンガーを粉砕しようとする。

デッドライオン

（声の出演／辻村真人）

ブラックサタンの最高幹部。右腕のデッドハンドを飛ばし、敵を倒す。

再生奇械人

ブラックサタンの本部に向かうストロンガーを急襲する事が使命だった。

↑「チャージアップ!」の掛け声とともに胸のS字が回転。

↑改造超電子人間のパワーは、デルザー改造魔人を遥かに凌ぐ。

↑変身直後に空中へ飛び上がり、戦闘態勢準備。

↑最強の改造魔人、マシーン大元帥の攻撃にも屈せず、立ち向かう。

活動のタイムリミットは1分間！

体内に超電子ダイナモを移植されたストロンガーが、改造超電子人間にチャージアップした姿。通常の100倍のパワーを発揮できるが、その活動限界時間の1分間をわずかでも過ぎると体が爆発してしまう。

↑超電稲妻キック、超電大車輪キック、超電子ドリルキック等の必殺技を発揮。

←新生ストロンガーの力を使い、デルザー軍団を追い詰めた。

↑2体の改造魔人とも互角に渡り合えるほどの超パワーを身につける。

↑攻撃スピードも格段に速くなり、一瞬で戦闘員集団を撃破できる。

仮面ライダーストロンガー **チャージアップ**

電気パワーの100倍の力を誇る改造超電子人間！

伝説の魔人の子孫を自任！

　遠い魔の国からやってきた恐るべき戦闘集団で、伝説の魔人の子孫たちによって構成されている。彼らの間に上下関係はなく、それぞれが軍団の支配権を巡って常に対立している。

←軍団のリーダー的存在だったジェネラルシャドウも、マシーン大元帥に地位を奪われる。

デルザー軍団
遠い魔の国からきた改造魔人の集団！

（声の出演／柴田秀勝）

デルザー軍団を主宰！
ジェネラルシャドウ

軍団を我が物にしようと企む！

改造魔人たちを言葉巧みに操り、組織の指揮権を手中に収めた。アジト内でトランプ占いに興じる。

（声の出演／

デルザー軍団戦闘員

改造魔人たちが独自に育成した精鋭部隊。各幹部によってマスク形状が異なる。

巨大なる岩石の怪物！
デルザー軍団大首領

（声の出演／納谷悟朗）

↑7人ライダーが内部に突入。

↑大首領の本体は脳髄だった。

全ての悪の組織の支配者！

ショッカーからデルザー軍団まで、全ての悪の組織の支配者。これ自体は強固な岩石でできた巨人像で、本体は内部にいる。

デルザー軍団 改造魔人

元々強靭な肉体を持つ魔人が、体を機械改造してパワーアップした姿。一人一人がこれまでの悪の組織の大幹部に匹敵する戦闘力・超能力を身につけており、ストロンガー打倒を目指している。

鋼鉄参謀

（声の出演／市川治）

デルザー軍団きっての実力派で、正攻法な戦いを好む。巨大な鉄球が武器。

荒ワシ師団長

（声の出演／安原義人）

卑怯な戦略を得意とする。空中を飛び、トマホークと盾で奇襲攻撃を展開。

ドクターケイト

（声の出演／曽我町子）

残忍な魔女の子孫。人間植物から精製した毒でストロンガー暗殺を画策。

ドクロ少佐

（声の出演／山下啓介）

ドクロ忍び集団を指揮してストロンガーを急襲する。大鎌から火炎を放射。

岩石男爵

（声の出演／沢りつお）

スフィンクスの血を受け継ぐ改造魔人で短気な性格。巨大岩石に変身する。

狼長官

（声の出演／峰恵研）

狼男一族の子孫でかなりの策略家。歯型爆弾と満月プラズマが戦力である。

隊長ブランク

（声の出演／辻村真人）

フランケンシュタインの怪物の子孫。銃口からナイフを放つライフルを使用。

ヘビ女

（声の出演／能瀬礼子）

ジェネラルシャドウの片腕といわれる改造魔人。左腕の蛇で電気を吸収。

マシーン大元帥

（声の出演／市川治）

エジプトからきた最強の改造魔人。額から強烈な破壊光線を発射する。

磁石団長

（声の出演／沢りつお）

マシーン大元帥がアマゾンから招聘。両腕のマグネットで金属を吸い寄せる。

ヨロイ騎士

（声の出演／池水通洋）

ギリシアからきた改造魔人。2本のサーベルを合わせ、高速熱線を撃つ。

再生奇械人軍団

5体の奇械人と荒ワシ師団長が復活。立花を救出にきた7人ライダーと対決。

暗黒大将軍

（出演／堀田眞三）

遊園地の地下にアジトを持つ、正体不明の怪人。奇械人や改造魔人を操る。

↑デルザー軍団大首領と最後の大決戦を展開するため、専用マシンで奇巌山の人面岩に到着する7人の仮面ライダー。そんな彼らの眼前に恐るべき巨大魔人が出現した。

↑敵の地震発生装置を監視していたV3、ライダーマンが敵と激突。

↑1号はアメリカ、2号はインドから帰国し、岩石大首領に挑む。

↑まず、エジプトからマシーン大元帥を追ってV3が帰国した。

↑次にアマゾンが南米から、Xがスペインから駆けつける。

7人ライダー

最後の巨悪を粉砕するため、日本に集結した正義の勇姿!

↑V3とライダーマンも岩石大首領を攻撃したが、歯が立たない。

↑敵に拉致され、気絶していた立花の前に7人の勇者が現れる。

↑暗黒大将軍の姑息な企みを粉砕したライダーたちと立花が握手。

7人ライダー共通の敵との 大決戦が展開される!

デルザー軍団の日本総攻撃作戦を察知した歴代の仮面ライダーが、世界各国から次々と帰国。巨悪を相手に孤軍奮闘を続けていたストロンガーと合流し、ここに栄光の7人ライダーが結成されることとなった。

↓奇巌山を見上げる立花と歴代の勇者。全ての悪の組織を支配していた岩石大首領を滅ぼさない限り、仮面ライダーたちの戦いは終わらないのだ。

（スカイライダー）

1979年（昭和54年）10月5日〜
1980年（昭和55年）10月10日放映

燃えろ変身、命懸け

己を変えて突っ走れ！

制作スタッフ
原作／石森章太郎（現・石ノ森章太郎）企画／平山亨・阿部征司 脚本／伊上勝・平山公夫・江連卓・土筆勉・鷺山京子・山崎久・鈴木生朗 監督／山田稔・田口勝彦・奥中惇夫・田中秀夫・平山公夫・広田茂穂・石森章太郎（現・石ノ森章太郎）音楽／菊池俊輔 撮影／小林武治・工藤矩維・松村文雄 照明／戸塚和夫 美術／高橋章・丸山裕司 仕上げ製作／映広音響 録音／太田克己 編集／菅野順吉 効果／今野康之（スワラプロ）選曲／茶畑三男 現像／東映化学 記録／安部伸子ほか 助監督／工藤清ほか 衣裳／東京衣裳 美粧／入江美粧 装置／内藤靖夫 装飾／大晃商会 操車／スリーチェイス キャラクター製作／コスモプロ ハンググライダー／BIGBARD 技斗／岡田勝 殺陣／大野剣友会 特撮／矢島特撮研究所 怪人設定／榊精一郎 合成／チャンネル16・東通ECG／東通ecgシステム 進行主任／小迫進・川上正行 制作担当／佐久間正光 制作／毎日放送・東映

筑波 洋

（出演／村上弘明）

↑志度博士の機転によって洋の脳改造は回避された。

↑ハンググライダーの練習中、志度博士の危機に遭遇。

↑優れたオートバイテクニックを発揮し、ネオショッカーの野望に挑戦する。

自由のため、愛のためにネオショッカーとの戦いに身を投じる！

↑ネオショッカーの強力怪人に勝利するため、激しい特訓を受けてパワーアップを図る。

改造人間となった事実を前向きに受け止めた青年！

城北大学の3年生でハンググライダークラブに所属する青年。謎の一団に襲われている科学者・志度博士を救出した事をきっかけに悪の組織、ネオショッカーの存在を知るが、そのために仲間を殺害され、本人も怪人の攻撃で重傷を負う。しかし、博士の手によって改造手術を施され、仮面ライダーとして復活。己が改造人間となった事実を前向きに捉え、悪と対決する決意を固めた。

今、闘いの日が昇る!

改造後は志度ハンググライダークラブに所属し、仲間とともにネオショッカーの野望を打ち砕く。

↑常にネオショッカーの動向を監視し、怪人が遂行する悪の計画を粉砕。

↑強化スカイライダーになった後は、大胆な戦法を展開し、敵に対抗。

優れた頭脳と肉体、強い正義感の持ち主!

筑波 洋は元々明晰な頭脳と高い運動能力の持ち主だったが、改造手術によって能力が更に向上し、ネオショッカーと互角に戦えるパワーを身につけた。また、かなりの熱血漢で、たとえ怪人だとしてもネオショッカーの被害者である場合は、全力で救出しようと試みる心優しい一面も垣間見せた。

↑変身前に怪人に襲われ、危機に陥る事も多かった。

↑日本一のヒーローを目指す、がんがんじいとも友情を育む。

↑より強い力を手に入れようと、危険な特訓に挑んだ。

↑怪人との対決中、組織に戻るよう説得された事もある。

↑敵の戦闘員・アリコマンドの集団攻撃には苦戦した。

↑敵のアジトに潜入。「変身！」の掛け声とともに超人となる。

↓改造後から対決していたネオショッカー日本支部の大幹部、ゼネラルモンスターとの決戦。人質を救うため、自ら敵に捕らわれる。

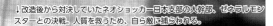

主要登場人物

志度敬太郎（出演／田畑 孝）

人間改造学の権威で、ネオショッカーに協力を強制されていた。

谷 源次郎（出演／塚本信夫）

喫茶店「ブランカ」のマスター。志度に代わって洋をサポートする。

叶みどり（出演／田中功子）

志度の助手。謎の女性として洋の前に現れたが、本来は明るい。

沼さん（出演／高瀬 仁）

「ブランカ」のバーテンダー。陽気な青年で女性のおだてに弱い。

飛田今太（出演／東 隆明）

特ダネを追う、自称・名ルポライター。怪人に遭遇することが多い。

小沢アキ（出演／江口憙子）

「ブランカ」でアルバイトをする女子大生。バトンの技で敵と戦う。

杉村ミチ（出演／伏見尚子）

ハンググライダークラブのメンバー。臆病だがパワフルな女性。

伊東ナオコ（出演／鈴木美江）

洋に好意を抱いている女性で、「ブランカ」のアルバイトの一人。

野崎ユミ（出演／巽 かおり）

クラブの通信を担当し、後に「ブランカ」のアルバイトとなる。

がんがんじい

突然、洋たちの前に登場した謎の仮面ヒーロー。ミニバイクで行動。

叶シゲル（出演／白鳥恒視）

みどりの弟で、仮面ライダーを尊敬する。洋を兄のように慕う。

矢田勘次（出演／桂 都丸）

自作の鎧を着てがんがんじいの姿になっていたコミカルな青年。

スカイライダー

重力低減装置を用いて大空を舞う勇者!

→200m上空から急降下し、敵を蹴るスカイキックが初期の必殺技。

↑ネオショッカーの一員になる事を拒否し、対抗した。

↑トルネードの風車で受けた風をエネルギーにし、変身。

↑敵の触手に体を捕らわれるが、腕力を使って逆に引き寄せる。

↑重力低減装置を使い、最長で200mまでの跳躍が可能。

↑重力低減装置のレバーを倒してジャンプし、空を飛び回る。

↑悪に対抗できる力を与えてくれた志度博士に感謝する。

↑人工筋肉から生み出される怪力で必殺パンチを繰り出す。

↑スカイライダー時の走力は時速60
km。また、セイリングジャンプによ
り、最大時速800kmで高度１万mまで
上昇する事が可能である。

↑通常時は跳躍力30m、幅跳び100m、
走り幅跳び350mのパワーを発揮。

新たな能力を装備した
改造人間！

　筑波　洋が志度敬太郎博士の改造手術
によって蘇った姿で、変身ベルト・トル
ネードの左右にセットされた重力低減装
置の力で空中を滑空飛行・セイリングジ
ャンプできる点が最大の特徴である。

↑スカイライダーが1日に必要とするエネルギーは10万kcal。

↑谷源次郎、がんがんじいとともに敵と対決する事もあった。

↑敵の行動や周囲の状況を的確に判断し、攻撃を回避する。

↑強化後は、単独でのセイリングジャンプはなくなった。

↑スカイダブルキックや竹トンボシュートなどの新技を会得。

"99の技"を身につける!

強敵グランバザーミーに勝利するため、7人ライダーの友情の特訓を受けたスカイライダーが、彼らから与えられたエネルギーによって強化変身した姿。新たに身につけた99種の必殺技を怪人との対決で次々と披露しながらネオショッカーとの激戦を展開していく。

↑Dアイは視覚素子が密集し、人間の30倍の視力がある。

↑額の中央にあるE(エネミイ)シグナルで敵を確認。

↑巨大なネオショッカー大首領の弱点を発見し、攻撃した。

↑素早く棒術を繰り出し、アノコマンドの集団を蹴散らす。

↑強化後、体色がライトグリーンへと変化し、マフラーから黒い斑点模様が消える。

強化スカイライダー

7人ライダーの特訓を受け身体能力が増幅!

飛翔！大空を切り裂く正義の一撃！

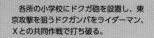

各所の小学校にドクガ砲を設置し、東京攻撃を狙うドクガンバをライダーマン、Xとの共同作戦で打ち破る。

↑初対決の相手は、話し合いではなく殺し合いで決着をつけようとするガメレオジンだった。スカイライダーは敵とともに空中へ跳躍する。

←ドクバチジンの地中移動を阻止するため、高所で対決した。

←敵の鞭で首を絞められたが、腕の力で対抗する。

←熱に弱い怪人とともにスカイライダーは炎の中へ突入していく。

←怪人に変身したゼネラルモンスターとの死闘に挑む。

↓パワーアップしたスカイライダーは、強敵との最終決戦で99の技の一つ、3点ドロップを披露。

風力エネルギーから無限の破壊力を生む！

スカイライダーは風力によって生み出される強大なパワーを最大限に発揮し、ネオショッカー怪人との孤独な戦いを続けた。その後、海外から送り込まれる強敵に苦戦することが多くなったが、帰国した7人ライダーの友情の力でパワーアップ。強化スカイライダーとして生まれ変わり、遂に巨悪を粉砕するのだった。

↑良い夢を食べ、少年たちを苦しめるオオバクロンを99の技の一つ、必殺空中稲妻落としで木っ端微塵に粉砕。

↑ガマギラスの拘束技、ガマ舌がらみにも敢然と立ち向かう。

↑スカイライダーはヘビンガーの呪いの力にも怯まず挑んだ。

↑怪人に弱点を発見されながらも、必殺技の一撃で撃破。

↓死んだと思われていた父が生きていた？　スカイライダーは隊長蛇塚の罠にはまり、これまで以上に苦戦を強いられる。

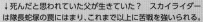

↑ドロリンゴが分裂変身したにせライダーたちに正義の蹴りを撃ち込む。

↑ザンヨウジューの化石ガスをかわすため、遠距離から攻撃を仕掛けた。

↑ライダーブレイクで強固な岩や鋼鉄で作られた壁をぶち抜き、ネオショッカーのアジトへ突入する。

↑怪人が運転を妨害しても、小型電子頭脳が安定走行をキープ。

↑スカイライダーの脳波を□□し、無人走行で駆けつけてく□

↑80mのジャンプ機能を有し、敵の攻撃による大爆発を飛□越える。また、特殊タイヤで垂直の壁も登っていける。

↑体をボール状にし、突撃し□きた怪人を前輪で撥ね飛ばす□

↑巨大なネオショッカー戦□飛び越え、攻撃を回避した。

スカイターボ
HVG（高振動発生装置）を搭載！

必殺技・ライダーブレイクを発動させる!

　志度博士の手で設計・開発されたスカイライダー専用マシン。水素エンジンを搭載し、最大出力2000kW、最高時速1200㎞の高性能を持っているが、最大の特徴は車体に装備されたHVG（高振動発生装置）を発動させて突進し、物体を破壊する必殺技・ライダーブレイクを繰り出せることであろう。

↑洋の常用バイクが、スカイライダーへの変身と同時に変形。

↑マシンをジャンプさせ、怪人の体に激突させる技も見せた。

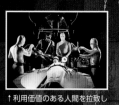
↑利用価値のある人間を拉致して改造し、組織の一員にする。

人口を3分の1に抑制し、選民による世界支配を企む!

かつて世界中で猛威を振るった悪の秘密結社ショッカーの名を受け継いだ組織だが、その関係性は不明。来るべき食糧危機に備えて世界の人口を3分の1に抑制したうえで選ばれた者による支配が当初の目的であったが、次第に怪人を前面に押し立て、攻撃作戦を実行するようになっていった。

ネオショッカー

"ショッカー"の名を受け継ぐ悪魔の集団!

↑ネオショッカー戦車等の大型移動火器を多数所有している。

アリコマンド

アリの能力を移植された兵士。100mを5秒で走破し、10mも跳躍できる。

白アリコマンド

組織の科学班として、改造手術や兵器開発を担当。

ドクロ暗殺隊

大首領直属の隠密行動部隊。筑波洋の母を抹殺した。

プロフェッサードク

(出演/高杉玄)

ゼネラルモンスターが信頼を置く、改造人間研究者。

隊長蛇塚

(出演/秋山勝)

アリコマンド養成所長。洋の実の父と思われていた。

巨大なる龍の怪物!
ネオショッカー大首領

(声の出演/納谷悟朗)

その正体は宇宙生物!

暗黒星雲の帝王にして、ネオショッカーを支配する巨大宇宙生物。大地震を発生させる力を持ち、口からは火炎を放射。

↑着任中に位が上がり、軍服が黒から
ーキに変わり、左手が鉤爪になる。

↑怪人に作戦を指示するが、その内容には不
備が多い。武器は炎を噴き出すスティック。

魔神提督

（出演／中庸助）

南米支部より招聘された人口減少計画のプロ！

↑体が砕けても、脳と心臓
が無事であれば再生可能。

自ら現地に赴き、作戦を実行する大幹部！

　南米支部で多くの実績を積み上げ、日本支部の2代目支部長に抜擢された大幹部。ゼネラルモンスター以上に凶暴な性格で、悪魔のごとき頭脳を使って恐怖の計画を立案し、襲撃してくる。

↑重要な作戦においては自ら前線に赴き、指揮を執る。

ゼネラルモンスター

（出演／堀田真三）

ネオショッカー初代日本支部長！

改造人間製作を推進！

　ネオショッカー日本支部を指揮する大幹部。軍人タイプの権威主義者であり、殺人を生き甲斐とする冷酷な男。改造人間の製作に強い興味を持ち、積極的に推進した。

ネオショッカー 改造人間（怪人）

基本的には動植物、昆虫の能力を人間に移植し、改造された怪人だが、妖怪的な姿と魔力的なパワーを身につけた者も存在する。頭部の赤いランプは、体内メカの熱上昇を防ぐための冷却装置。

ガメレオジン（声の出演／沢りお）

組織の脱走者、志度博士の捕獲が使命。保護色で姿を消し、舌で敵を襲う。

クモンジン（声の出演／仁内達之）

改造人間の素体となるスペア人間を誘拐する。口から強力な溶解液を噴射。

コウモルジン（声の出演／村越伊知郎）

子供の血液に存在する要素、RHBを使い、毒ガスを製造しようと企てる。

サソランジン（声の出演／八代駿）

ゼネラルモンスターが遠隔操作する暗殺用怪人。溶解液と矢が主な戦力。

ドクバチジン（声の出演／市川治）

人間改造学の科学者拉致が使命。口から目眩毒の針と爆発針を撃ち出す。

キノコジン（声の出演／梶哲也）

300年間生息したキノコから製作した怪人。看護師に化け、洋の命を狙う。

カマギリジン（声の出演／沢りお）

大量のサタンカマキリを孵化させ、人類虐殺を企む。両手の鎌で敵を切る。

ムカデンジン（声の出演／槐柳二）

組織の脱走者と偽り、洋に接近して暗殺を企てる。爆発性ガスと爪が武器。

コブランジン（声の出演／辻村真人）

格闘技界のトップアスリートを催眠音波で操り、殺人軍団の結成を狙う。

カニンガージン（声の出演／梶哲也）

京浜工業地帯のコンビナート爆破が使命。鉄から爆発性の泡を放射する。

サンショウジン（声の出演／槐柳二）

少年スポーツ選手を暗殺者に育成する。必殺窒息攻めという技を繰り出す。

ナメクジン（声の出演／山下啓介）

人間を誘拐し、地下基地の建造に従事させた。溶解細胞で敵の体を溶かす。

アリジゴクジン（声の出演／峰恵研）

プラスアルファ爆弾で東京都民の抹殺を企てた。蟻地獄に敵を引き込む。

ハエジゴクジン（声の出演／村越伊知郎）

猛毒細菌ドクダーを詰めた風船を全国に飛ばそうとする。爆発花粉を噴射。

アオカビジン（声の出演／辻村真人）

自身のカビで地層を溶かし、関東に大地震を発生させる計画の責任者。

ゴキブリジン（声の出演／市川治）

強力なマントでスカイキックをも跳ね返す。爆発ゴキブリで人間を抹殺。

ヤモリジン（声の出演／堀田真三）

ゼネラルモンスターが変身した怪人。尻尾をヤモリ鞭に変化させ、攻撃する。

シビレイジン（声の出演／八代駿）

体内から発する100万Vの電流を発電所から流し、東京焼失を企てた。

オオカミジン（声の出演／沢りお）

体にセットした殺人音波装置と巨大メガホンを使い、殺人音波を発する。

サイダンプ（声の出演／仁内達之）

ダム破壊のプロフェッショナル。怪力を生かした角攻撃で敵の体を貫く。

クラゲロン

（声の出演／峰 恵研）

毒子クラゲを東京の水道に混入し、全都民を病死させようと企てる。

コゴエンスキー

（声の出演／朝月鉄也）

寒冷化ミサイルで東京を攻撃する事が使命。冷凍手裏剣と冷凍槍が武器。

ムササベーダー（兄）

（声の出演／村越伊知郎）

爆弾人間を利用し、横浜を全滅させようとする。鋭いナイフで敵を切る。

ムササベーダー（弟）

（声の出演／山下啓介）

囮作戦でスカイライダーを東京に足止めにする。口から火炎を放射。

マダラカジン

（声の出演／安原義人）

科学者から猛毒ガスの製造法を買い取り、発生装置を製作しようと企む。

ゾウガメロン

（声の出演／池水通洋）

スカイライダーの抹殺を目的とする怪人。体を50tの鉄球に変形させる。

ボンゴ

（声の出演／福田信昭）

ゾウガメロンの実の息子。洋に接近し、肩車攻撃で命を奪おうとする。

ドクガシバ

（声の出演／八代 駿）

ドクガ砲で東京の中心地を砲撃する事が目的。触角から毒鱗粉を放射。

銀河王

（声の出演／梶 哲也）

宇宙からきた謎のコンピューター生命体。シグマエネルギー方程式を狙う。

銀河王の部下

銀河王が部下として操る高性能ロボット。巨大宇宙船の操縦や攻撃が任務。

サドンダス

（声の出演／沢りつお）

銀河王が自分の星から連れてきた、凶暴な宇宙怪獣。瞬間移動能力を持つ。

アルマジーク

（声の出演／峰 恵研）

戦車を使ってネオショッカー基地を警護する。体を球体にし、敵に突進。

ジャガーバン

（声の出演／八代 駿）

怪人II世部隊を引き連れ、基地に向かうスカイライダーを襲撃。剣が武器。

怪人II世部隊

過去の設計図を元に新たに製作された怪人集団。8人ライダーと対決した。

ヒルビラン

（声の出演／八代 駿）

物質を溶解する兵器・バリチウム弾を使い、日本大壊滅作戦を実行する。

怪人II世部隊

グランバザーミーの指揮の下、仮面ライダーに攻撃を仕掛ける。

グランバザーミー

（声の出演／仁内達之）

大首領直々の命を受け、キリマンジャロからきた。地球最高の怪人と自任。

ヒカラビーノ

（声の出演／八代 駿）

自身の体細胞から作った仮面で子供を自在に操作。包帯で敵を干物にする。

オオバクロン

（声の出演／沢りつお）

少年に化けて小学校に潜入し、子供の夢を食べる。鼻や爪から毒液を噴出。

トリカブトロン

（声の出演／村越伊知郎）

日本征服の前線基地・大神殿を魔神峠に建設する事が使命。毒矢が武器。

黄金ジャガー
（声の出演／玄田哲章）
将軍の地位を持った怪人。スカイライダーとの正々堂々の一騎討ちを望む。

ドブネズゴン
（声の出演／仁内達之）
尻尾から噴射するネズラ毒で人間を白骨化する。狭山市の襲撃が使命。

タコギャング
（声の出演／沢りつお）
科学者を脅迫し、人間を植物化させるワクチンを製造させる。触手が武器。

マントコング
（声の出演／池水通洋）
アフリカの王者と呼ばれる怪人。科学者の誘拐とライダーの抹殺が使命。

キギンガー
（声の出演／沼波輝枝）
アマゾンの熱帯樹、アフロマジンカを人体に植え付け、樹に変えて操る。

ドラゴンキング
（声の出演／二階堂有希子）
アフロマジンカ実験場からの脱走者を抹殺する。拳法の達人で十手が武器。

ガマギラス
（声の出演／沢りつお）
求人広告で若者を集め、アリコマンド養成所に送る。いぼ爆弾で敵を攻撃。

オカッパ法師
（声の出演／八代駿）
作戦を妨害するライダーの排除・抹殺が使命。頭部から皿爆弾を撃ち出す。

ウニデーモン
（声の出演／沢りつお）
額の宝石から怪光線を発射し、女性を鬼に変える。棍棒で敵の体を砕く。

クチュウレイ
（声の出演／沼波輝枝）
旧日本軍が開発した毒ガスカプセルの発掘が使命。口から歯を発射する。

ゾンビーダ
（声の出演／八代駿）
死体を不死身のゾンビーとして蘇らせ、ネオショッカーの兵士として利用。

ミミンガー
（声の出演／二見忠男）
悪霊の技で平家の亡者を操り、千個の耳を大首領に献上させようとする。

ドロニャンゴ
（声の出演／牧野和子）
子供たちから血液を採取し、ネオショッカー全怪人を再生しようと企てる。

ヘビンガー
（声の出演／沼波輝枝）
1年前に他界した女性に化けて洋の戦意を喪失させ、抹殺しようと企む。

カガミトカゲ
（声の出演／川路夏子）
魔力で人間を鏡の中に封じ込め、偽者を社会に送り込む。鏡爆弾を投げる。

アブンガー
（声の出演／八代駿）
スカイライダーの弱点を見抜き、アブンガースカイキックで攻撃してきた。

ドロリンゴ
（声の出演／沢りつお）
スカイライダーの偽者に変身し、悪事の限りを働く。

にせスカイライダー
ドロリンゴが変身、分裂した姿。突進戦法を繰り出す。

ザンショウジュー
（声の出演／八代駿）
洋をロケットに誘い込み、宇宙の彼方へ飛ばそうとする。

タガメラス
（声の出演／沢りつお）
子供を誘拐し、アリコマンド少年隊に改造しようとした。

リングベア
（声の出演／池水通洋）
洋と子供を戦わせようとする。リングブーメランが武器。

8人ライダー

ネオショッカー怪人を追い、次々と日本へ到着!

↑ストロンガーの協力でスカイライダーは新技を編み出す。

↑スカイライダーを妨害する怪人と対決するライダーマン。

↑スカイライダーと2号が強敵ドラゴンキングに挑戦。

↑巨大なネオショッカー大首領との最終決戦が始まる。

↑セイリングジャンプで大首領を宇宙に運ぶ。

↑スカイライダーをパワーアップさせるため、特訓を行う。

↑魔神提督、銀河王の野望に立ち向かう8人ライダー。

スカイライダーを中心に敵と対決!

　世界各国でネオショッカーと対決していた歴代の仮面ライダーが次々と日本に舞い戻り、強敵怪人に苦戦するスカイライダーと共闘。その後、8人ライダーが結成され、悪の大計画に挑む事となった。

↑8人ライダーのマシンが集合。大首領が潜むネオショッカー基地へ急行する。

仮面ライダースーパー1

1980年(昭和55年)10月17日〜
1981年(昭和56年)10月3日放映

唸る鉄拳、飛龍拳！

赤心少林拳！ 火を吹く

制作スタッフ
原作／石森章太郎（現・石ノ森章太郎）企画／平山亨・阿部征司 脚本／江連卓・土筆勉・鷺山京子・熊谷節・伊上勝・富田祐弘・吉田耕助 監督／山田稔・広田茂穂・佐伯孚治・小西通雄・田中秀夫・奥中惇夫・富田義治 音楽／菊池俊輔 音楽製作／あんだんて 撮影／小林武治・松村文雄・瀬尾修・加藤弘章 照明／戸塚和夫 美術／丸山裕司・宮国登 仕上げ製作／映広音響 録音／太田克己 編集／菅野順吉 効果／今野康之（スワラプロ）選曲／茶畑三男 現像／東映化学 記録／栗原節子ほか 助監督／山田純生ほか 衣裳／東京衣裳 美粧／入江美粧 装置／内藤靖夫 装飾／大晃商会 操車／スリーチェイス キャラクター製作／コスモプロ 車輌制作／十和モーターズ 中国拳法指導／龍明広（北派少林拳）空手指導／渡辺安章 技斗／岡田勝 殺陣／大野剣友会 トランポリン／上田弘司 特撮／矢島企画 資料担当／青柳誠 合成／チャンネル16 ＥＣＧ／東通ｅｃｇシステム 進行主任／小迫進 制作事務／川原一哲ほか 制作担当／佐久間正光 制作／毎日放送・東映

赤心少林拳を極める武道家!

元アメリカ国際宇宙開発局・改造人間プロジェクトチームの研究員。自ら進んで惑星開発用改造人間第1号の被験者に志願し、その手術は無事に成功するが、ドグマ王国の襲撃によって組織は壊滅。変身のために必要な制御コンピューターも破壊されてしまう。しかし、秘拳・赤心少林拳の半年間に亘る修行で変身の呼吸法を会得し、仮面ライダースーパー1となってドグマ王国との戦いを開始した。

↑沖 一也は、幼い頃から赤心少林拳で心と体を鍛え、文武両道の優れた青年へと成長した。

↑恩師であるヘンリー博士の手で改造され、スーパー1というコードネームを与えられた。

↑宇宙船・ジュピタースーパー1号に搭乗し、惑星開発に旅立つ。

↑改造後はチェックマシーンを使ってボディー各部の状態を確認し、ダメージを調査する。

沖 一也

（出演／高杉俊价）

宇宙開発プロジェクトのため、改造手術の被験者に志願した研究員!

無敵の勇者！

地獄の稽古によって己の技を磨く！

　赤心少林拳の地獄の稽古を乗り越えた沖 一也は逞しい戦士に成長し、ドグマ王国やジンドグマの怪人と互角に渡り合える力を身につけた。そんな彼も幾多の戦いの中で現れた強敵に敗れ、危機に陥ることもあったが、不屈の精神力で技を鍛え、正義の勝利を信じて何度でも悪に立ち向かっていったのだ。

†ジュニアライダー隊の存在が、戦いに明け暮れる一也の心の支えとなった。

ヘンリー博士の仇、ファイヤ
ングが初決戦の相手だった。

（出演／大月ウルフ）

ヘンリー博士

アメリカ国際宇宙開発局の所長。
孤児だった一也を引き取り、育成。

（出演／幸田宗丸）

玄海老師

赤心寺の僧侶にして赤心少林拳
の最高師範。一也の拳法の恩師。

（出演／塚本信夫）

谷源次郎

谷モーターショップを経営。一
也を実の息子のように見守る。

（出演／西山健司）

弁慶

赤心少林拳の師範代。一也の兄
弟子として修行に協力する。

（出演／田中由美子）

草波ハルミ

一也に好意を抱いている女性。
ジュニアライダー隊の隊長となる。

（出演／早川勝也）

草波　良

ハルミの弟。ジュニアライダー
隊結成後はリーダーとして活動。

（出演／佐藤輝昭）

小塚政夫

裏の世界で有名な泥棒だったが、
今は谷モーターショップの店員。

（出演／永塚りえこ）

水沼マサコ

ハルミの親友で、ジュニアライ
ダー隊の副隊長と通信係を務める。

↑ドグマファイターの襲撃
も、赤心少林拳を生かした
戦法で撃破していく。

↑敵の爆破攻撃を素早い
ジャンプで切り抜ける。

↑赤心寺の玄海老師、弁慶
の協力を受け、新たな技を
会得していった。

↑敵の罠にかかり、水中
に沈められそうになった。

↑街の住人を欺くライギ
ョンに勝利するが……。

↑拳法の呼吸法を仲間たち
にも伝授する、優しい心を
持った青年である。

↑真剣白刃取りで妖刀ド
グマンを受け止める。

↓修行で開発した型をと
り、仮面ライダースーパ
ー1へと姿を変える。

ジュニアライダー隊

スーパー1の活動をサポートする少年・少女の組織。専用のペンダ
ントや七つ道具、自転車を駆使してジンドグマの野望に対抗する。

↑優れたマシンテクニックを駆使してジンファイターの
集団を蹴散らし、敵陣に乗り込む。

↑体内に重力制御装置を装備し、測定不能の高さまで跳躍できる。

↑得意技のスーパーライダー月面キックを始めとして、豊富な数のキック技を身につけている。

↑合掌によって精神統一し、敵の技を見極める。

↑敵の稲妻電光剣を奪い、最強怪人に止めを刺す。

→水中から一気にジャンプし、敵の怪人に反撃を開始する。

仮面ライダースーパー1

惑星開発用改造人間第1号！

↑スーパー1が基本的に装着しているスーパーハンドは、破壊力30tのパンチが打ち出せる。

→ファイブハンドの一つ、パワーハンドは50tの物体を受け止め、投げ返す怪力が出せる。

→3億Vのエレキ光線を発射するエレキハンド。本来は非常時の電力供給用ツールだった。

→冷熱ハンドは右手から超高火炎、左手から冷凍ガスを放射し、敵の攻撃力を低下させる。

↑偵察用超小型ロケット、レーダーアイを発射し、周囲の状況を確認できるレーダーハンド。レーダーアイは武器としても使用可能。

←人工筋肉の働きによって常人の約1000倍のパワーを発揮する。

古くより伝承された拳法と最新科学の力が一体化！

　惑星S1の調査及び前進基地建設要員として、アメリカ国際宇宙開発局が沖一也の体を素材として製作した惑星開発用改造人間第1号。最新科学技術を結集して製作した惑星開発用アームツール・ファイブハンドと古くより伝承される拳法・赤心少林拳を使い、世界への攻撃を開始したドグマ王国、宇宙から飛来した侵略者集団・ジンドグマと対決する。

疾風！

攻撃の手を緩めない怪人集団。正義の戦いが大地を揺るがす！

拳法の奥義が、科学戦力が悪を滅ぼす！

世界に闇の王国を建設しようと企てるドグマ王国、地球全体を征服しようとするジンドグマは、それぞれの技術を使って恐るべき怪人を製作し、攻撃を仕掛けてくる。スーパー1は、赤心少林拳の奥義ともいえる必殺技、科学の力から生み出されるパワーを最大限に生かし、悪の使い魔どもを粉砕していく。

↑宇宙開発を妨害し、ヘンリー博士を殺害したファイヤーコングの怪力に全力で対抗する。

↑地下基地建設を企むカマキリガンと対決。パワーハンドで敵の大鎌を破壊した。

↑オートバイを巧みに操作するカメレキングにスーパー1はブルーバージョンで挑む。

↑アリギサンダーの計算された必殺パンチを空中回転で素早くかわすスーパー1

↑エレキハンドから放たれるエレキ光線が、敵の体を打ち砕く。

↑怪人のムカデロープを体に巻かれ、動きを封じられてしまう。

ドグマ王国の精鋭部隊、地獄谷五人衆を率い
るメガール将軍との大決戦。スーパー1は己の
全戦力・能力を発揮し、強敵集団に勝利する。

↑敵の伸縮自在な梯子
に捕まり、スーパー1
は反撃ができない。

↓ジンドグマ大幹部、
妖怪王女が変身した怪
人に念動力で操られる。

→ドグマ王国に代わ
って出現したジンド
グマの怪人は、機械
の能力を有していた。

→ブゴエンベエの
冷凍ガスには、さ
すがのスーパー1
も苦戦いた。

↑卑劣な罠を張る怪人を、スー
パーハンドの力で投げ飛ばす。

↑悪魔元帥が変身するサタンスネークに、敵の稲妻電光剣を奪い対抗。

機動性を重視し、軽量化！

機動性を重視し、車体が軽合金で製作されたオフロードタイプの戦闘用マシン。最高時速800kmで走行し、200mのジャンプも可能であり、敵のオートバイ部隊や怪人との戦闘で多用される。変形機能はなく、一也も常用。

←自動車で作った敵のバリケードも、ジャンプで楽々と突破。

↑突進技・スーパーライダーブレイクで敵のオートバイを破壊。

↑車体に装備されたコンピューターで、敵の攻撃を事前に察知。

↑水辺や岩場、砂地等、悪路での走行を考慮して製作された。

ブルーバージョン

オンロードタイプの戦闘用車両！

敵の追跡及びパトロールに多用！

一也が乗るＶマシンから変形するスーパー1専用の大型車両で、様々な惑星の条件下でも活動できるように設計されている。マイクロ・ソーラー・エンジンを搭載し、最高時速1340㎞での走行が可能。

↑車体前部には高性能通信機やセンサークラスターなどを装備。

Ｖマシン

変身前の一也がパトロールに使用する変形前の形態。

Ｖジェット

他の惑星での活動を想定し、開発！

↑自動航行コンピューターの機能で無人走行させる事も可能。

↑突進の際、強固なフロントガードで敵の体を粉々に砕く。

ドグマ王国

自身が理想とするユートピアを建設しようと企てる!

独自の国家を形成した組織!

独自の司法や行政を持ち、市民も存在する闇の王国。支配者・帝王テラーマクロの主観による美しい人間、優秀な人間だけで構成されるユートピアを、地球全土に建設する事が最終目的である。

→ヘンリー博士の惑星S1開発計画を妨害する。

↑若いカップルを拉致し、理想社会のモデルケースである美しい村を造ろうと企てる。

ドグマ親衛隊

帝王の安全を確保し、その意思の代弁も行う。

ドグマファイター

怪人が行う作戦を補佐する。格闘力に優れる。

青鬼指揮官

黄金郷建設のため、埋蔵金発掘を担当。

Dr.ガイガン

ドグマ超科学研究所の怪人製造責任者。

ゾルベゲール

ドグマが蘇らせたナチスドイツ科学者。

帝王テラーマクロ

王国の絶対なる支配者！

（出演／汐路 章）

鈴の音で部下に指令を与える！

ドグマ王国の絶対的な支配者で常に指令室の椅子に座り、鈴の音で将軍や親衛隊に指示を与える。恐怖政治で王国内を統治し、自身の価値観に合わない者は全て抹殺してしまう。

↑ドグマファイターが運ぶ神輿に乗り、前線に出陣。

→拳法の使い手で、玄海老師と互角の力を持っている。

メガール将軍

ドグマ王国極東司令官！

（出演／三木敏彦）

惑星開発用改造人間の真の1号！

ドグマ王国の極東司令官。元々は惑星開発用に改造された人間だが、手術に失敗して怪人となり、その後ドグマ王国の一員となった。

↑強力な怪人を指揮し、帝王の命令を忠実に遂行する。

↑日本をドグマ王国の支配下に置くことが絶対的使命。

ドグマ王国 怪人

これまでに出現した組織の怪人と同様に動物、昆虫、魚類等の能力を有した改造人間だが、全身の外装が機械的になっている。帝王に絶対的な服従を誓っており、死の際もテラーマクロの名を叫び、爆発する。

ファイヤーコング
（声の出演／梶 哲也）

国際宇宙開発局の研究所を襲撃する。額から火炎を放射し、拳法の技で戦う。

エレキバス
（声の出演／八代 駿）

死人渓谷に眠る馬1000頭分の埋蔵金の発掘が使命。触手から電流を放出。

カマキリガン
（声の出演／村越伊知郎）

来日したアブラーダ王国の王子に化け、日本に前線基地を建てようとする。

カメレキング
（声の出演／石井敏郎）

ドグマ美術館に陳列するため、国宝級の美術品を盗む。口から鋭い剣を出す。

スパイダーババン
（声の出演／梶 哲也）

若い男女を誘拐し、美しい村の村民にする事が使命。糸と蛮刀が武器。

アリギサンダー
（声の出演／仁内達之）

人間コンピューターを完成させるため、機械の波長と一致する子供の脳を狙う。

スネークコブラン
（声の出演／朝戸鉄也）

ドグマ警察の一員で、基地建設予定地にマイホームを建てた家族を襲う。

ガニガンニー
（声の出演／八代 駿）

服従カプセルの設置前に組織を脱走。硬い体でスーパー1の技をも跳ね返す。

バクロンガー
（声の出演／峰 恵研）

人間に悪夢を見せ、自殺に追い込む夢薬の開発者。鼻先から砲弾を発射。

ジョーズワニ世
（声の出演／八代 駿）

科学者に開発させた人工細胞X9を取り返すため、一也と一時協力。

ジョーズワニⅡ世
（声の出演／八代 駿）

Ⅰ世の体内にX9が注入され、強化した姿。敵の体を噛み、電流を流す。

ライギョン
（声の出演／大西徹也）

ドグマ地獄谷道場の最高師範が変身。口から放出する稲妻電流で敵を襲う。

ギョストマ

（声の出演／朝戸鉄也）

ライギョンの死体から出現した強敵。スーパー1の技を見切り、跳ね返す。

ムカデリヤ

（声の出演／辻村真人）

ナチスドイツの科学者を蘇らせ、笑いガスの一種・Rガスを製作させる。

ライオンサンダー

（声の出演／蛇蝎也）

也のライバルだった拳法家が改造された姿。額から破壊光線を撃ち出す。

オニメンゴ

（声の出演／山下啓介）

各地にドグマ学校を建設し、子供にドグマ学を教える。トマホークが武器。

ロンリーウルフ

（声の出演／村越伊知郎）

ドグマ3等怪人だが意思を持つ妖刀ドグマンに操られ、スーパー1と対決。

ヤッタラダマス

（声の出演／沢りつお）

少年に化けて大予言者になりすまし、ドグマ神殿を建設しようと企てる。

カセットゴウモル

（声の出演／椛柳二）

子供たちに催眠教育を施し、ドグマの幹部候補生にする。破壊音波を放射。

ツタデンマ

（声の出演／八代駿）

全国の電話機に異常音波を流す事が使命。エンマ火炎と殺人ガスが戦力。

バチンガル

（声の出演／朝戸鉄也）

スーパー1のファイブハンドを奪い、攻撃してくる。銃から大毒針を発射。

死神バッファロー

（声の出演／三木敏彦）

メガール将軍が変身した怪人で、スーパー1の抹殺を目的とする。

カイザーグロウ

（声の出演／汐路章）

ドグマの神の像から流れた血を浴び、テラーマクロが変身した不死身の怪人。

ドグマ復讐兵団

11体のドグマ怪人と3体のネオショッカー怪人が再生され、編成した兵団。

ヘビンダー

（声の出演／大西徹哉）

蛇拳法の達人。分身術で敵を惑わし、口から蛇を吐く。

ゾゾンガー

（声の出演／安原義人一郎）

象拳法の遣い手。手に持ったバズーカ砲で敵を砲撃する。

ストロングベア

（声の出演／不知火艶）

怪力を生かした熊拳法の達人。左腕の鉄球で物体を粉砕。

サタンホーク

（声の出演／マキ上）

地獄谷五人衆のリーダーで鷹の爪拳法を使う。空中を飛行。

クレージータイガー

（声の出演／小早鉄也）

虎拳法の技を発揮し、左肩から出した槍で敵と対決する。

ジンドグマ

B26 暗黒星雲より飛来した異星人集団！

悪魔元帥

地球征服を狙うジンドグマの支配者！

（出演／加地健太郎）

↑アジトの王座から大幹部に指示。

↑稲妻電光剣でスーパー1を攻撃。

機械のみを信じる！

ジンドグマの支配者で、機械のパワーを絶対的に信じ、自身の体も機械化している。巧みに4大幹部たちを競わせ、地球征服を推し進めようとした。

暴力、略奪、破壊の3大作戦を実行

ドグマ王国崩壊後、闇の中から突如出現した怪軍団で、その正体は銀河の彼方に存在するB26暗黒星雲から地球侵略にやってきた宇宙人の集団。ドグマ憲法に定められた暴力、略奪、破壊の3大原則に従い、人類に攻撃を仕掛けてくる。

↑次世代の担い手である子供たちを洗脳し、組織の手先にする作戦を実行。

→ジュニアライダー隊の隊員も悪の作戦に利用されてしまう。

↑4大幹部が前線に出現。ジンドグマ怪人を指揮してスーパー1と対決する。

ジンファイター

ドグマファイターをジンドグマの科学力で強化改造。強力な格闘技を身につけている。

魔女参謀

（出演／藤堂陽子）

残忍な女性幹部！

頭脳作戦を得意とする

↑一也を罠にかけ、窒息死させようとした。

↑怪人とともにスーパー1を攻撃する事もあった。

妖魔術を駆使！

残忍な女性幹部で、妖魔術を駆使して敵を呪い殺す。人間に化け、要人誘拐などの作戦を実行。

鬼火司令

（出演／河原崎洋夫）

前線で破壊活動をする行動隊長！

↑使用する怪人にも凶暴な者が多い。

↑大鎌を振り回し、一也に襲いかかる。

短気で粗暴！

組織の行動隊長的な大幹部。極端に気が短く、作戦を立てずに暴れ回る。杖の先から炎を出し、敵を倒す。

幽霊博士

（出演／鈴木和夫）

ジンドグマ怪人の製作を担当する科学者！

↑挑発的な言葉を発し、他の幹部を混乱させる事もある。

↑自分を辱めた者を容赦しない残忍な一面も持つ。

↑幽霊体を自在に操る能力を持つ。

妖科学の権威！

主にジンドグマ怪人や毒薬の製作を担当する科学幹部。陰険な性格で他の幹部の作戦にけちばかりつける。

妖怪王女

プライドが高く気まぐれな小悪魔！

（出演／吉沢由起）

人間を混乱させる！

いたずら好きな女性幹部で、地球征服よりも人間を困らせる事に興味がある。人間に化け、活動。

B26暗黒星雲の科学力で製作された怪人で、ナイフや磁石、鋏等の器物から傘、ビデオデッキ、冷蔵庫等の電化製品の機能を身につけている。凶暴な怪人も多いが、ややユニークな性格の者もいた。

キラーナイブ

（声の出演／仁内達之）

原子物理学者とその娘を誘拐し、原子十字砲の製作を強要。ナイフが武器。

ジシャクゲン

（声の出演／飯塚昭三）

航空会社を脅迫し、日本の制空権を奪おうとする。強力電磁磁力線を発射。

火焔ウォッチ

（声の出演／山下啓介）

火焔爆弾時計で大都市を焼き尽くそうとする。巨大時計針で敵の体を貫く。

グラサンキッド

（声の出演／八代駿）

謎の少年チャイルドXに化け、子供たちを操る。胸から光線爆弾を発射。

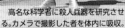

ビデオン

（声の出演／沢りつお）

高名な科学者に殺人兵器を研究させる。カメラで撮影した者を体内に吸収。

アマガンサー

（声の出演／池水通洋）

コントロール装置がついた傘で人間を操る。アマガサロケットを撃ち出す。

マッハローラー

（声の出演／梶哲也）

若者を洗脳し、ジンドグマローラースケート部隊を結成する事が使命。

スプレーダー

（声の出演／峰恵研）

人間を泡に変えてスプレー缶に閉じ込め、ジンドグマに忠誠を誓わせる。

ツリボット

（声の出演／朝戸鉄也）

国防庁長官からミサイル基地の所在地を訊き出すため、その子供を誘拐。

ラジゴーン

（声の出演／山下啓介）

ラジコン模型に毒ガスと爆弾をセットして誘導し、日本中を混乱させる。

レッドデンジャー

（声の出演／村越伊知郎）

赤い回転灯に化け、社会にパニックを起こす。ファイヤーリングを投げる。

イスギロチン

（声の出演／仁内達之）

ジンドグマ秘密研究所の脱走者の抹殺が使命。手から大電流を放射する。

ハサミンブラッド

（声の出演／曽我部和行）

各家庭の鋏を操り、騒ぎの隙に東京を占拠しようとした。巨大な鋏が武器。

コマサンダー

（声の出演／沢りつお）

タンカーを沈め、東京湾に火災を発生させる事が使命。コマ爆雷を投げる。

ロボットスーパー1

コマサンダーの戦闘実験用に造られた、スーパー1のコピーロボット。

コゴエンベエ

（声の出演／山下啓介）

冷蔵庫の中に子供を誘い込み、悪の支持者にする。腕から冷凍ガスを放射。

フランケライター

（声の出演／八代駿）

放火を行い、東京を焼け野原にする事が使命。頭部から高熱火炎を放射。

シャボヌルン

（声の出演／峰恵研）

ジンドグマ石鹸で人間を溶かし、組織の奴隷にする。手から溶解液を出す。

キーマンジョー

（声の出演／逢坂真人）

ジンドグマ改造蛇の毒で一也の体を麻痺させ、抹殺しようと企む。

ドクロボール

（声の出演／梶哲也）

悪魔元帥主催の仮装パーティーを警護。全身から爆弾ボールを発射する。

ゴールダー

（声の出演／八代駿）

物理学者が開発した窒素コールダー液を奪い、日本を凍らせようとする。

ハジゴーン

（声の出演／朝戸水也）

超高性能火薬Xベーターの奪取が使命。頭部の角から電磁光線を撃ち出す。

ショオカキング

（声の出演／吹田千里）

青年に化けて一也に接近し、抹殺しようとする。左腕から溶解液を放射。

オニビンバ

（声の出演／河原崎洋夫）

ジンドグマ超A級怪人で、鬼火司令の正体。背中のバズーカ砲で攻撃する。

サタンドール

（声の出演／沼波輝枝）

妖怪王女の真の姿。念動力でスーパー1の動きを封じ、自由自在に操る。

ゴールドゴースト

（声の出演／鈴木和夫）

人間に黄金病を感染させ、その罪を一也に被せた。幽霊博士の真の姿。

マジョリンガ

（声の出演／藤堂陽子）

魔女参謀の正体。超能力岩石飛ばしという念動力でスーパー1を襲う。

サタンスネーク

（声の出演／加地健太郎）

悪魔元帥の正体。国際宇宙局のロケット、ジュピタースーパー1号を狙う。

↑復讐兵団の攻撃を阻止するため、1号が登場。

↑8人ライダーに復讐兵団を任せ、マシンで火の車を追うスーパー1。

↑カマキリガンを飛び越え、背後から攻撃する1号。

↑V3、ライダーマン、XはトリプルX戦法を展開。

↑アマゾンは大切断で怪人とファイターを蹴散らす。

スーパー1を守るため、復讐兵団との戦いを開始する8人の仮面ライダー。

怪人集団を次々と撃破する9人の戦士！

地獄谷五人衆が乗る古代兵器・火の車を追跡する仮面ライダースーパー1の前に、14体の再生怪人で結成されたドグマ復讐兵団が出現。窮地に陥るスーパー1であったが、そこへ1号を中心とした歴代の仮面ライダーたちが駆けつけ、復讐兵団との決戦を開始した。

9人ライダー ドグマ復讐兵団に対抗するため正義のライダーパワーが結集！

→復讐兵団を撃破し、スクラムを組む9人ライダー。

↑怪人めがけ、同時肘打ちを決めるV3とライダーマン。

↑Xの猛攻撃の後、V3とライダーマンが必殺キックを炸裂させ、怪人たちを粉砕する。

↑8人ライダーの大活躍で復讐兵団の怪人は次々と倒されていく。

1982年(昭和57年)6月〜1983年(昭和58年)8月雑誌連載
1984年(昭和59年)1月3日特別番組放映

命を懸けて誇りを守る
野獣のように！

10号誕生！
仮面ライダー全員集合！

制作スタッフ
原作／石森章太郎（現・石ノ森章太郎）企
画／平山 亨・阿部征司 脚本／平山公夫
監督／山田 稔 音楽／菊池俊輔 撮影／
松村文雄 照明／国本正義 美術／宮国
登 録音／太田克己 編集／菅野順吉 効
果／大泉音映 現像／東映化学 記録／栗
原節子 計測／川合俊三 助監督／岩清水
昌弘 美粧／サンメイク 装置／東映美術
センター 操演／船越幹雄 キャラクター
製作／レインボー造型企画 技斗／大野幸
太郎・岡田 勝 殺陣／大野剣友会 トラ
ンポリン／上田弘司 資料担当／青柳 誠
合成／チャンネル16 進行主任／小迫 進
制作／毎日放送・東映

仮面ライダーZX

村雨 良

自身を改造し、姉を殺害したバダン帝国に復讐を誓う！

主要登場人物

海堂 肇
（出演／柄沢英二）

良に協力する科学者。彼の体を調査し、改造された事実を告げた。

一条ルミ
（出演／三宅友美子）

バダンの秘密を知り、殺害された一条博士の娘。良の身を案じる。

村雨しずか
（出演／ふくしまとしえ）

良の姉。バダン帝国の存在を知ったため、組織に処刑された。

↑自身を改造させた暗闇大使と、激闘を展開。　↑復讐心を捨てられず、苦しむ事も多かった。

↑オフロードタイプのオートバイに乗り、バダン帝国の野望をどこまでも追跡していく。

仮面ライダーの活躍を知り、仲間となる！

　ブラジルの大学に通っている日本人青年で、小型飛行機の免許を所持。UFOの正体を探るために新聞記者の姉とともにセスナ機を飛ばしているとき、バダン帝国の攻撃を受けて捕獲され、強化兵士・ZXに改造される。だが、偶然の事故によって失われていた自我を取り戻し、姉を殺した組織の壊滅を誓う。日本に帰国した後も復讐のためだけに活動していたが、仮面ライダーたちが持つ正義の心に揺り動かされ、私怨を捨てて人類を守る決意を固めた。

↑両脚部に装備されたジェットエンジンを噴射する事で、60mも跳躍できる。また、短時間であれば空中飛行も可能であるらしい。

↑体内に装備された多数のサーボモーターを発動させ、怪力を発揮。

↑敵に向かって仮面ライダーZXと名乗り、正義の活躍を開始する。

ヘルダイバー

原子力エンジンを搭載したマシンで、最高時速は600km。カウルの左右に装備されたウイングはカッターにもなる。

脳を残し、全身の99%が機械化されたパーフェクトサイボーグ！

仮面ライダーZX

"忍者ライダー"とも呼ばれる！

バダン帝国が製作した強化兵士で、脳を残した体の99%が機械化されている。また、手裏剣、煙幕、爆弾、チェーン等の武器を多用することから忍者ライダーやメカニック忍者の異名を持ち、変幻自在な攻撃を展開してバダン帝国の怪人を粉砕していく。

↑怪人が放つキャノン砲の速度を瞬時に測定し、爆発を回避する。

↑両肘から取り出す十字手裏剣の刃は、ダイヤモンドと同等の強度を誇る。

↑両膝に装備した衝撃集中爆弾は、指令電波によって爆発力を変えられる。

マイクロチェーンは、両手の甲に格納されている鉤爪つきの鎖。敵の体に巻きつけ、電流を流す事もできる。

↑ハイドロジェットエンジンを発動させ、飛行ジャンプで攻撃をかわす。

↑ヘルダイバーは地上走行はもちろん、空中飛行や水中潜行も可能。

↑両上腕部からレーダー撹乱煙幕を噴射し、敵の追跡を妨害する。

バダン怪人、UFOサイボーグの踵躙を阻止!

　正義の戦士・仮面ライダーとなったＺＸは、バダン帝国が送り出す怪人と激闘を繰り広げていく。そして、後に出現するようになった新型改造人間・UFOサイボーグにも勇敢に挑み、遂には暗闇大使を中心とする悪の組織を全滅させるまでに至った。

←初陣では敵怪人・クモロイドと、戦闘兵士のコンバットロイドを衝撃集中爆弾で破壊。

↑空中を飛ぶドクガロイドを、必殺技のＺＸ稲妻キックで地上に落下させる。

↑ヘルダイバーを利用し、カメレオロイドと対決する。

↑大鎌と毒ガスで攻撃してくるカマキリロイドには苦戦。

→トカゲロイドの強力な火炎攻撃にも怯まず、ＺＸは猛反撃を繰り返す。

稲妻！悪の理不尽な破壊活動に怒りの炎が燃え上がる!

飛行能力を持つタカロイドを追って空中へ跳躍。キックを撃ち込んで敵を地上に落下させた。

↑暗闇大使が変身したサザングロス自体が、時空魔法陣と呼ばれる怪人製作装置だった。

↑ＺＸによって倒された怪人が再び蘇り、襲いかかってきた。

↑アメンバロイドによって水中へ引き込まれそうになる。

↑ＺＸに匹敵する戦力を有したタイガーロイドも、マイクロチェーンとＺＸキックで粉砕。

↑バダンの時空魔法陣によってコピーされた過去の組織の怪人たちが、ＺＸを襲う。

←ＵＦＯサイボーグの切り札、タイガーロイドが出現。敵の弱点である背中を攻撃し、危機を脱する。

↑再生されたドグマ王国怪人、カメレキングにＺＸパンチを決める。

バダン帝国

第3帝国の野望を追う、ナチスの残党!

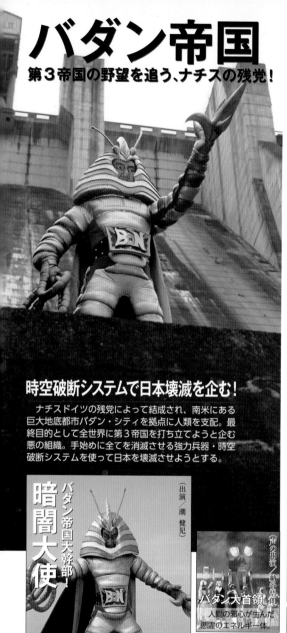

時空破断システムで日本壊滅を企む!

ナチスドイツの残党によって結成され、南米にある巨大地底都市バダン・シティを拠点に人類を支配。最終目的として全世界に第3帝国を打ち立てようと企む悪の組織。手始めに全てを消滅させる強力兵器・時空破断システムを使って日本を壊滅させようとする。

（出演／潮 健児）

バダン帝国大幹部 暗闇大使

地獄大使の従兄弟!

バダン帝国を指揮する冷酷な大幹部。従兄弟であるショッカーの地獄大使を憎悪している。

（声の出演／納谷悟朗）

バダン大首領
人間の邪心が生んだ悪霊のエネルギー体。

コンバットロイド

アクロバット戦に優れている戦闘兵士。

バダン帝国 怪人、UFOサイボーグ

改造手術で人間に動植物の能力を移植したものだが、機械化でこれまで以上にパワーアップされている。UFOサイボーグと呼ばれる新型怪人も出現。

クモロイド
脱走者の捕獲用怪人。口から糸を吐く。

ドクガロイド
催眠術で人間を捕らえ、生き血を啜る。

カメレオロイド
尻尾で敵の動きを封じ、万力で攻撃。

ジゴクロイド
砂漠の蟻地獄に潜み、敵に襲いかかる。

カマキロイド
手足の強力バネを使って敵に飛びかかり、鎌で切る。

トカゲロイド
バダン親衛隊の幹部怪人。首を伸ばして火炎を吐く。

再生怪人
時空魔法陣で生みだされ、トカゲロイドの指示で行動。

アメンボロイド
水中活動と吸血能力を持つ、強敵UFOサイボーグ。

タカロイド
背中から翼を伸ばし、空中を飛行。羽手裏剣が武器。

バラロイド
薔薇の蔓で敵の自由を奪い、花弁で窒息死させる。

ヤマアラシロイド
バダン帝国の怪人軍団長で、5体の怪人を指揮する。

再生怪人軍団
時空魔法陣でコピーされた過去の組織の怪人と獣人。

（声の出演／中庸敦也）

タイガーロイド
バダン時代の良の親友が改造された。大型砲を装備。

サザングロス
暗闇大使が変身。通常の怪人の10倍の力を有する。

再生怪人軍団
暗闇大使の指揮で10人ライダーと対決。9体が出現。

再生怪人軍団
時空破断システムを守る新旧組織の混合怪人軍団。

時空破断システムを破壊!

　バダン帝国の時空破断システムを使った日本壊滅計画を追っていた9人ライダーは、敵との対決の中でZXと遭遇。自身の復讐に囚われていた彼を説得し、仮面ライダーの一員に迎え入れる。そして、10人ライダーの力を結集させて暗闇大使の野望を打ち砕き、遂には全ての悪の根源であったバダン大首領を撤退させるのだった。

10人ライダー 負の存在との 最終決着に挑む!

↑風見志郎、結城丈二、沖一也、村雨良が友情のスクラムを組む。

↑先輩ライダーとともに敵陣へと突入し、最終合体攻撃を展開するZX。

↑激突するライダーマン、スーパー1とZXの間にV3が割って入り、仲裁。

↑怪人軍団を取り囲み、それぞれの必殺技で撃破していく10人ライダー。

↑阿修羅谷の最奥部にあるバダン帝国の本拠に集合した10人。眼前には暗闇大使が……。

仮面ライダー BLACK

1987年(昭和62年)10月4日〜1988年(昭和63年)10月9日放映

地球の平和、人類の愛を守る

自由の戦士!

製作スタッフ

原作／石ノ森章太郎 プロデューサー／吉川 進・堀 長文（東映）・井口 亮・山田尚良（毎日放送） 脚本／上原正三・宮下準一・内藤 誠・山田隆司・鷺山京子・杉村升・山﨑久・荒木憲一・山口 竜・荒川稔久 監督／小林義明・辻 理・北本 弘・蔦林淳望・小西通雄・小笠原猛・蓑輪雅夫 アクション監督／金田治・村上 潤（ジャパン・アクション・クラブ） 特撮監督／矢島信男 音楽／川村栄二 撮影／松村文雄・工藤矩雄・岡部正治 照明／中川勇雄・神長倉孝明・島田宣士ほか 美術／井上 明・野本幸男・大橋豊一ほか イラスト／野口 竜 プロデューサー補／髙寺成紀 録音／太田克己 編集／菅野順吉 選曲／茶畑三男 効果／大泉音映 記録／内藤美子ほか 助監督／吉野晴亮ほか 計測／岡部正治ほか 美粧／サンメイク 衣裳／東京衣裳 装飾／大晃商会 装置／東映美術センター 操演／国米修市・神尾悦郎 キャラクター製作／レインボー造型企画 キャラクターデザイン／雨宮慶太 造形／前沢 範 資料担当／小佐野聡 合成／チャンネル16 現像／東映化学 ビデオ合成／東通ECGシステム （株）特撮研究所 操演／鈴木昶・尾上克郎 撮影／髙橋政千 照明／加藤純弘 美術／佛田 洋 製作デスク／岩永恭一郎 進行主任／竹内洪太・桐山 勝・梶川雅也 製作担当／寺崎英世 製作／毎日放送・東映

←冷静な頭脳でゴルゴム怪人の戦闘力を分析し、反撃に転じる。

↑体内に埋め込まれた太陽の石・キングストーンを発動させて変身する。

日蝕の日に生まれ、ゴルゴムの世紀王になる宿命を与えられた青年！

南光太郎

（出演／倉田てつを）

↑ゴルゴムの三神官の手で改造され、世紀王となった。

↑光太郎にとってバトルホッパーは戦友でもあった。

ゴルゴムの魔手に対抗する存在となる！

東星大学人文学部に通う大学2年生で、サッカー部に所属。日蝕の日に誕生した瞬間から暗黒結社ゴルゴムの御子に選ばれていたため、19歳の誕生日に改造手術を施され、次期創世王候補である世紀王ブラックサンに生まれ変わる。だが、過去の記憶を消去される前に組織を脱出し、仮面ライダーBLACKとして戦うことを誓った。

仮面ライダーBLACK

内蔵された太陽の石"キングストーン"から超戦力を引き出す!

バッタ男

光太郎がBLACKへと変身する瞬間、一時的に登場する第1形態。この姿で活動及び戦闘をする事はない。

↑フィルブローンによって驚異的な跳躍力を見せ、敵を翻弄。

バッタが持つ各種能力を存分に発揮する！

暗黒結社ゴルゴムの三神官が南 光太郎の体内に太陽の石・キングストーンを埋め込み、誕生させたバッタ男が、冬眠遺伝子ＭＢＧから生み出される外骨格状皮膚リプラスフォームと変身ベルトを装着した姿。常人の30倍のパワーを発揮する強化筋肉フィレブローンによって30mの跳躍が可能。また、望遠、広視界、暗視のパワーを秘めたマルチアイや500m先の音を感知できるセンシティブイヤー等、数多くの優れた超能力を身につけている。

↑ＢＬＡＣＫに変身した際、余剰エネルギーは外へ放出される。

↑腕の怪力を最大限に発揮して敵怪人の体を破壊する。

↑光太郎がＢＬＡＣＫである事実は、周囲の人間も知らない。

↑空中で回転し、必殺技ライダーキックの破壊力を高める。

↑ライダーキック、ライダーパンチがＢＬＡＣＫの2大必殺技。

↑キングストーンから生み出されるエネルギーがＢＬＡＣＫの戦闘パワーの源である。

↑優れた反射神経を持ち、敵の攻撃を瞬時にかわして危険を回避する。

育ての親、秋月総一郎を殺害したクモ怪人に、怒りを爆発させるBLACK。しかし、5体の敵には苦戦を強いられる。

↑ゴルゴムの秘密を知る人物を狙うヒョウ怪人と対決。

漆黒！

人類の後継者にならんとする怪人に、敢然と立ち向かう黒き勇者！

↑怪人の食糧を栽培するサボテン怪人と激闘を繰り広げた。

↑空中からのライダーパンチでカニ怪人の甲羅を破壊する。

↑シャドームーンの復活を狙うバク怪人から杏子を守る。

↑最強必殺技、ライダーキックでアンモナイト怪人の戦闘脳を破壊。

↑カメレオン怪人が誘拐した少年を救出するため、攻撃。

↑女性をゴルゴムの戦士にしようとするシーラカンス怪人の野望を砕く。

↑コガネムシ怪人の金粉を浴びたBLACKに危機が迫る。

↑シャドームーンが送り出したケラ怪人を力でねじ伏せた。

↑親友であり、宿敵でもあるシャドームーンとの一騎討ちに、BLACKは戸惑う。

→人間の生体エネルギーを奪おうとするクワガタ怪人の顎に捕らわれ、苦しむBLACK。

→本能のまま襲いかかってくるツノザメ怪人とともに山を滑り落ちる。果たして勝者は？

↑クジラ怪人と協力し、大怪人バラオムを粉砕する。

↓クジラ怪人の力で復活を果たしたBLACKは、遂にシャドームーンと創世王を倒す。

親友を敵に回し、孤独な戦いが続く！

　ゴルゴムの野望に立ち向かえる唯一人の存在として、BLACKは孤独な戦いを展開し、苦戦しながらも勝利を手にする。しかし、そんなBLACKの前にもう一人の世紀王シャドームーンが出現。正義と悪の対決は、次第に熾烈なものとなっていく。

↑キングストーンを攻撃され、BLACKは一度、命を落とす。

バトルホッパー
世紀王のために製作された生体マシン!

↑車体が壊滅的打撃を受けても、リライブタンクの機能で短時間に完全復元が可能である。

キングストーンの力に呼応!

　ゴルゴムが世紀王専用マシンとして開発した自我を持つ生体メカマシン。モトクリスタルをエネルギー源とし、最高出力415kW、最高時速500kmを発揮する。BLACKのキングストーンに呼応して作動し、愛馬のごとく忠実に活躍する。

BLACKに託される!

ゴルゴムから研究費援助を受けた機械工学の権威、大門洋一博士が製作した、文明破壊用マシン。だが、完成と同時に博士の息子を介して光太郎に託され、BLACKの2台目専用マシンとなった。

↑BLACKの危機を感知すると、自らの判断で駆けつけた。

↑必殺技、ダイナミックスマッシュで怪人を撃破する。

↑BLACKと一体化したかのような正確な走りを見せる。

↑サイバネティックブレインを搭載し、生物のように行動する。

↑時速800kmを超えると、アタックシールドが自動装備される。

ロードセクター
文明破壊用の戦闘マシン!

↑アタックシールド装備時には突撃必殺技スパークリングアタックで敵を粉砕。

↑車体の前部に怪人を引っ掛け、決戦場に運ぶ事もあった。

↓プラズマジェットや妨害電波発生装置等も搭載している。

↑あまりの高性能ゆえに、BLACK以外はコントロールできないらしい。最高時速は960kmをマーク。

暗黒結社ゴルゴム
人類創成以前に結成された陰の集団！

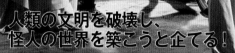

人類の文明を破壊し、怪人の世界を築こうと企てる！

太古の昔から人類の文化や文明を破壊し続けた恐怖の暗黒結社であり、その最終目的は、優れた人間だけを怪人化し、地球上に怪人世界を創り上げる事である。組織には政財界の要人や高名な科学者、芸能人も参加しており、裏から徐々に社会の支配を推し進めている。

↑地下帝国都市や巨大ロボット・U−BAROTを製作し、北海道を攻撃。

↑南光太郎と秋月信彦を世紀王に改造し、覇権を争わせる。

↑街を占拠し、専用車両で外部からの侵入者を阻止する。

創世王
ゴルゴムの支配者！
（声の出演／渡部猛）

5万年間、組織に君臨！

5万年ごとに入れ替わるゴルゴムの支配者で、全宇宙を掌握できるほどの力を秘めている。

剣聖ビルゲニア
ブラックサンの抹殺を担って！
（演／吉田淳）

世紀王になれなかった者！

3万年前の日蝕の日に誕生したため、世紀王になれなかった剣士。BLACKの抹殺が使命。

三神官の指導者！
大神官ダロム

"天の石"を持つ知恵者！

創世王に仕える三神官のリーダーで年齢は８万歳を超える。体内に天の石を持ち、凄まじい念動力で敵を攻撃する。

大怪人ダロム

（声の出演／飯塚昭三）

ダロムが変身した三葉虫怪人。触角で敵を攻撃する。

もう一人の世紀王！
シャドームーン

"海の石"を持つ破壊神！

組織の戦いを司る武将で、体内に海の石を持つ。指先から衝撃光波を発射し、あらゆる物体を粉砕する。

大怪人バラオム

（声の出演／高橋利道）

サーベルタイガー怪人でバラオムが変身。牙を剣にする。

戦いを司る武将！
大神官バラオム

（声の出演／高橋利道）

ゴルゴムの巫女的存在！
大神官ビシュム

（出演／好井ひとみ）

"地の石"を持つ予言者！

かつては怪人だったが組織に貢献したため、三神官の一人に抜擢された。体内に地の石を持ち、右目で未来、左目で過去を見る事ができる予言者。

大怪人ビシュム

（出演／好井ひとみ）

ビシュムが変身した翼竜怪人。空中で竜巻を発生させる。

マーラ

復活したシャドームーンが、銀の光線で誕生させた侍女怪人。

カーラ

金の光線から誕生した侍女怪人。シャドームーンの活動をサポートする。

秋月信彦

（出演／堀内孝人）

光太郎の親友で、シャドームーンに改造された。人間時の意識はある。

ゴルゴムの新たな指導者！

ブラックサン（BLACK）とともに改造されたもう一人の世紀王で、その体内に月の石・キングストーンを持つ。禁制の柩の中で眠っていたが、三神官の力で復活し、怪人を率いて人類に襲いかかる。

暗黒結社ゴルゴム 怪人

優秀な知力と強い体力を持った人間をゴルゴムが選抜し、改造手術によって動植物、昆虫、魚類の能力を移植した怪人で、その寿命は5万年以上。ゴルゴメスの実に含まれるタウリンを栄養源としている。

コウモリ怪人
三神官が操るスパイ怪人で、人間社会と組織内を調査する。

クモ怪人
組織を裏切った秋月総一郎を抹殺。5体の同族が存在。

ヒョウ怪人
ゴルゴムの秘密を知る女優を狙う。ヒョウに変身する。

クワゴ怪人
人類破滅のオブジェの素材となる人間を誘拐。糸を吐く。

ノミ怪人
光太郎に臆病エキスを注入する。高速移動能力を持つ。

ヤギ怪人
催眠音波で人間を操り、国際平和会議を襲撃させる。

オオワシ怪人（声の出演／丸山詠二）
人間に透視能力を植えつけ、企業機密を盗ませようとした。

サイ怪人（声の出演／西尾徳）
青年を洗脳し、暴走族を襲撃させる。巨大角で敵を粉砕。

セミ怪人（声の出演／西尾徳）
バイオリンの音を体内で共鳴させ、破壊超音波を放射。

ハチ怪人
毒蜂の卵を社会にばら撒く。尻から鋭い針を撃ち出す。

トカゲ怪人
殺人のプロフェッショナル。破壊工作部隊の監視が使命。

サボテン怪人
人間の体を利用し、ゴルゴメスの実を栽培しようとする。

カミキリ怪人
ロードセクターの奪取が使命。頭部の触角を鞭に変える。

カニ怪人
産後の女性を誘拐し、自身の卵を育てさせようと企む。

マンモス怪人（声の出演／西尾徳）
怪人強化用タウリンエキスの開発のため、マグロを奪う。

イワガメ怪人（声の出演／丸山詠二）
眼光で教師を操って子供を洗脳し、残忍な人間に変える。

ハサミムシ怪人（声の出演／丸山詠二）
自身の破壊ビームを強化し、東京の地下岩盤を破壊する。

バク怪人
シャドームーンに秋月杏子の生命力を与えようとする。

クロネコ怪人
ビシュムの命令でBLACKを襲撃。目から光線を放つ。

オニザル怪人（声の出演／丸山詠二）
ビルゲニアとともにBLACKと対決。鋭い爪で敵を切る。

アネモネ怪人（声の出演／伊倉一恵）
幻覚光線で光太郎の抹殺を企む。木の葉手裏剣が武器。

タマムシ怪人（声の出演／新井一典）
クローン虫をバトルホッパーに忍ばせ、機能を狂わせる。

ツルギバチ怪人
同族のハチ怪人を倒したBLACKの抹殺を目的とする。

カメレオン怪人
子供を誘拐し、怪人に改造しようとした。長い舌が武器。

カメレオン怪人（分身体）
カメレオン怪人が5体に分身した姿。連続攻撃を行う。

アンモナイト怪人 （声の出演／西尾徳）

ＢＬＡＣＫとの対決で行方不明になった超能力脳を探す。光線で物体を自在に操る。

↑超能力脳と戦闘脳の2つを持つ。

シーラカンス怪人 （声の出演／岸野一彦）

東星大学の教授に化け、女子大生を誘拐。大電流を放つ。

テストロイド

超マシン、デスランナーの走行テスト用アンドロイド。

カマキリ怪人 （声の出演／桑原たけし）

重武装メカを開発するため、優秀な技師を誘拐。鎌が武器。

バッファロー怪人 （声の出演／丸山詠二）

少女に憑依し、子供たちを引き連れて謀略作戦を実行する。

イラガ怪人 （声の出演／丸山詠二）

あらゆるエネルギーに反応し、爆発する繭をばら撒く。

コガネムシ怪人 （声の出演／西尾徳）

黄金の巣を作るオオガネムシを使い、社会を混乱させる。

アルマジロ怪人 （声の出演／丸山詠二）

スペースシャトル計画の妨害が使命。コピー人間を作る。

イカ怪人 （声の出演／大山豊）

超能力少女を利用し、ＢＬＡＣＫの抹殺を画策した。

ヤマアラシ怪人 （声の出演／新井一典）

物質転換エネルギーを使い、子供を電子世界へ連れ込む。

キノコ怪人 （声の出演／西尾徳）

キノコエキスが入ったスープで、子供を悪の戦士にした。

ベニザケ怪人

川を逆流させる光波を放射し、付近の生態系を破壊する。

ケラ怪人

紀田克美を操って光太郎を誘き出し、抹殺作戦を実行。

ネズミ怪人 （声の出演／新井一典）

ゴルゴムが結成したＥＰ党に反抗する者の抹殺が使命。

ツノザメ怪人

戦闘ロボ、U-BAROTを完成させるため、科学者を誘拐。

亡霊怪人軍団

シャドームーンがキングストーンの力で作った亡霊怪人。

ムカデ怪人 （声の出演／丸山詠二）

女性アイドル歌手に化け、人間を凶暴化させる曲を歌う。

サンショウウオ怪人

会得した忍びの術を使い、化学薬品工場等を次々と破壊。

コブラ怪人 （声の出演／桑原たけし）

時間を自在に操る能力を駆使し、現代社会を混乱させる。

ハエ怪人 （声の出演／西尾徳）

死んだ怪人の亡霊を出現させようとする。溶解液を吐く。

亡霊怪人軍団

霊能力少年の力で蘇った亡霊怪人。ＢＬＡＣＫを襲う。

クワガタ怪人 （声の出演／丸山詠二）

人間を地下怪人牧場に連れ込み、生体エネルギーを奪う。

クジラ怪人

海を愛する心優しい怪人。死んだＢＬＡＣＫを再生した。

トゲウオ怪人 （声の出演／丸山詠二）

ゴルゴムに忠誠を誓い、組織の裏切り者を始末する。

RX

仮面ライダー BLACK

1988年（昭和63年）10月23日〜
1989年（平成元年）9月24日放映

太陽の生命エネルギーを
全身に纏いし、
光の王子！

製作スタッフ
原作／石ノ森章太郎　プロデューサー／吉川 進・堀 長文（東映）・井口 亮・山田尚良（毎日放送）脚本／江連卓・荒木憲一・鷲山京子・宮下隼一・山田隆司・内藤 誠・村山隆策　監督／小林義明・蓑輪雅夫・蔦林淳望・辻 理・小笠原猛・松井 昇　アクション監督／金田 治・村上 潤（ジャパン・アクション・クラブ）特撮監督／矢島信男　音楽／川村栄二　撮影／松村文雄　照明／中川勇雄　美術／河村寅次郎・稲野 実・宮国 登　プロデューサー補／髙寺成紀　録音／太田克己　編集／菅野順吉　選曲／金成謙二　効果／大泉音映　記録／富田幸子ほか　助監督／松井 昇ほか　計測／岡部正治　美粧／サンメイク　衣裳／東京衣裳　装飾／大晃商会　装置／東映美術センター　操演／國米修市・神尾悦郎　キャラクター製作／レインボー造型企画　キャラクターデザイン／雨宮慶太・野口 竜　造形／前沢 範　キャラクターコーディネーター／小佐野聡　合成／チャンネル16　現像／東映化学　ビデオ合成／東通ECGシステム　（株）特撮研究所　操演／鈴木 昶・尾上克郎　撮影／高橋政件　照明／林 方谷　美術／佛田 洋・三池敏夫　製作デスク／橋本鉄雄　進行主任／林三津義・鳥山佳克・明瀬礼洋　製作担当／藤田佳紀　制作／毎日放送・東映

己の使命を語り、侵略者と対決！

ゴルゴム壊滅後、民間ヘリコプターパイロットとして新しい生活を送っていたが、異次元から地球侵略にきたクライシス帝国に捕まり、BLACKの変身能力を破壊された上で宇宙空間へ追放される。だが、彼のキングストーンに太陽の光が降り注いで奇跡が起こり、新たなる姿、BLACK RXへの変身能力を得た。

↑ゴルゴムとの戦闘経験を生かし、攻撃作戦を立てる。

←本来の明るい性格に戻り、クライシス帝国へ果敢に挑む。

←平和を守る決意と仲間に対する友情は、これまで以上に強い。

南光太郎
（出演／倉田てつを）

新生した体で再び戦場に赴く青年！

↑新たな変身ポーズをとってBLACK RXの姿に変わる。

↑怪魔界から帰ってきた青年、霞のジョーは、光太郎のかけがえのない戦友となる。

↓クライシス帝国の作戦を調査し、どこまでも追跡する。

→信彦の心を取り戻したシャドームーンの亡骸を葬る。

↑怪魔界に向かった際、帝国に改造された霞のジョーと対決した。

勇敢な戦士に成長！

　仮面ライダーＢＬＡＣＫ ＲＸの力を身につけた南 光太郎は、自身の正義を愛する魂に導かれるように戦場へと赴き、巨大なクライシス帝国に立ち向かっていく。異次元の超パワーを繰り出す敵との対決は熾烈を極めたが、戦いの中で成長した光太郎に、もはや恐れはなかった。

↑子供たちの頼もしい兄貴的な存在となる。

↑変身前でも怪魔戦士と猛バトルを展開し、敵の弱点等を発見する。

↑ＲＸではなく、あくまで光太郎としての力で怪魔戦士と戦う事を信条としている。

↑人間を容赦なく攻撃するクライシス帝国に、激しい怒りの炎を燃やす。

↑怪魔戦士の砲撃の中、素早くＢＬＡＣＫ ＲＸへと変身を遂げる。

誰かが

↑最終決戦で10人の仮面ライダーと合流し、正式な仲間となった。

君を求めている！

↑サンライザーが光を吸収すると、BLACK RXの全身が輝く。

↑人間を危機から救出する事を最優先に考える。

↑強化皮膚RXフォームで敵の攻撃を跳ね返す。

↑両足で敵を蹴るRXキックで怪魔戦士を粉砕する事もあった。

↑リボルケインを敵の体に突き刺し、体内から爆破するリボルクラッシュが最強の技である。

↑60mの跳躍力を誇る。また、高所からのダイビングも得意としている。

↑水中から一気に空中へ飛び上がり、怪魔戦士に反撃を開始。

↑怪魔戦士が作り出した異空間の中でも戦闘力が低下する事はない。

↑太陽のパワーを使って戦うRXは、敵に〝光の王子〟と名乗る。

↑マクロアイの透視能力で敵を発見。ソーラーレーダーで周囲を確認する。

↑怪魔戦士が放つ高熱火炎を巧みにかわし、素早く反撃に転じる。

仮面ライダーBLACK RX

ブラックサンが進化変身した形態！

〝ハイブリッド〟エネルギーから無限の戦闘力を得る！

宇宙の生命のエネルギーである太陽の光が光太郎の体内に宿るキングストーンに照射され、BLACKの肉体が急速に進化し、転生した姿。体内に蓄積した無限の力・ハイブリッドエネルギーを発動させる事によって驚異的な戦闘力を発揮。ベルトのサンライザーから光の武器・リボルケインを抜き、強敵を撃破する。

仮面ライダー
BLACK RX ロボライダー

強靭な体と怪力を誇る
"悲しみの王子"！

破壊的な腕力と
高い射撃力を身につける

　クライシス帝国に誘拐された佐原ひとみが死んだと誤解したRXが、深い悲しみの感情につつまれて変身した戦士。全身にまとった装甲・ロボフォームは、1000℃の高熱に耐え、いかなる物理的衝撃も遮断してしまう。また、炎をエネルギーとして吸収する能力も備えている。

↑ロボライダーの防御力は、
RX時の1.2倍に強化されている

↑恐るべき破壊力を秘めたロボ
パンチで敵の体内メカを粉砕。

↑敵アジトの強靭な壁
さえも一撃で破壊する。

↑行動速度と跳躍力がやや低下
する事が弱点にもなる。

↑光を結集させて作ったレーザー銃・
ボルティックシューターで、ハードショットという必殺技を炸裂させる。

↑"悲しみの王子"や"炎
の王子"と名乗る。

仮面ライダー
BLACK RX **バイオライダー**

攻撃力と瞬発力に優れた"怒りの王子"！

↑一瞬で72m上空に跳躍し、敵めがけて素早く突進する。

↑自身の体内に毒素を吸収し、抗体を生成することもできる。

↑"怒りの王子"という異名の通り、敵に対しての攻撃は強烈。

全身が液体組成のため、火炎による熱攻撃には弱いようだ。

敵の武器に捕らえられても体液化し、素早く脱出する。

バイオブレードで敵を一刀両断にする技・スパークカッターを決める。

敵を一刀両断する剣の技と体の液化能力を戦闘で発揮！

残忍なクライシス帝国に対する怒りの心で、RXが更なる変身を遂げた姿。リボルケインから変形した光の剣・バイオブレードを駆使し、俊敏な攻撃で敵を撃破する。また、バイオフォームの体細胞組織をゲル状や液体に変化させ、あらゆる場所に潜入する事が可能となった。長時間の潜水能力を生かし、敵と水中戦を展開する事もある。

↑新たな姿に生まれ変わり、宇宙より帰還したRXをスカル魔スターが襲う。

↑巨大なガンガディンの頭部をリボルケインで破壊し、全機能を停止させる。

↑人類への寄生を狙う3体のキュルキュルテンを光の力で粉砕。

←ガイナマイトの魔手からクライシス人の血を受け継ぐ少女を救う。

↑凶暴ゆえに封印されていたスクライドをRXキックで倒す。

↑霞のジョーの武器を使ってネックスティッカーの装置を破壊。

最強の怪魔ロボット、デスガロンとの死闘を繰り広げるRXは、敵の次元移動能力を利用して怪魔界へ向かう。

光と影の壮絶なる戦いが展開される！

本格的な地球侵略攻撃を開始したクライシス帝国に対し、仮面ライダーBLACK RXは光の超パワーを全開にして対抗。怪魔界へ突入した際に身につけたロボライダー、バイオライダーへの変身能力を巧みに使い分けながら、巨悪に立ち向かい続けていったのだ。

閃光！宇宙からの帰還を果たした戦士は、敵の4大部隊に挑戦！

↑怪魔界の聖なる泉でバイオライダーになり、3体の敵を倒してひとみを救出。

↑空中から神出鬼没な攻撃を仕掛けてくるムサラビサラを、鉄拳で打ち落とす。

↑武術の使い手であるクロイゼルに、怪力のロボパンチを決めるロボライダー。

↑バングゴングから反クライシス帝国のメンバーを守る、バイオライダー。

↑突如出現したアントロントは、復活しシャドームーンとRXを同時に襲撃。

↑海兵隊長ボスガンが出撃。怪魔稲妻剣でロボライダーを切り倒そうとした。

→闘争本能を剥き出しにして襲ってきたシャドームーンだったが、RXの活躍で人間の心を取り戻し、少年たちを救った後に命を落とす。

↑ガイナカマキルの空中殺法を素早くかわし、リボルケインの一撃で止めを刺す。

↑バイオライダーは敵の首に追撃され、動きを封じられた。

↑クライシス帝国によって過去の世界へ飛ばされたRXの元へ、違う時間軸で活躍するBLACK、ロボライダー、バイオライダーが救出に駆けつける。

怪魔界と地球界をつなぐ扉の鍵の奪取を図るエレギトロンに、ボルティックシューターの一撃を炸裂させる。

↑皇帝の命を受け、地球にきた査察官ダスマダー大佐がRXとギメラゴメラの対決に乱入。戦いは更に激しくなる。

↑全身を瞬時に再生する岩魔に空中からパンチを撃ち込み、反撃に転じる。

←ガゾラゲゾラの自爆から瀬戸大橋を守るため、バイオライダーに変身。

→敵のアジトに乗り込み、帝国の刺客・ウィル鬼をブレードで切り裂く。

←最強の怪魔獣人を倒した際に、RXは戦闘データを探られてしまう。

→怪魔妖族の頭領百目婆ァの妖術をバイオライダーの力で打ち砕く。

↑怪魔異生獣大隊を率いる牙隊長ゲドリアンを倒し、敵の一角を崩す。

↑怪魔ロボット大隊の機甲隊長ガテゾーンは、最強ロボット戦士ヘルガデムとともに出現し、RXのキングストーンをデススモークで包み込む作戦に出る。

↑最後の作戦に失敗したガテゾーンは、ロボライダーの放つ光弾に倒れた。

↓皇帝直属の強力怪人・グランザイラスには苦戦を強いられたが、バイオライダーに変身して体をミクロ化。敵の体に侵入して内部から攻撃を展開する。

↑ジャーク将軍が変身したジャークミドラをバイオブレードで一刀両断。

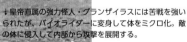

閃光！

↑敵の要塞に突入し、ダスマダーの姿を借りていたクライシス皇帝と対決。

アクロバッター

バトルホッパーが再生進化を遂げた、光機動生命体!

太陽の生命エネルギーによって稼働!

　ゴルゴムとの決戦で大破したバトルホッパーが、ＲＸのサンライザーから照射された太陽エネルギーを浴び、光機動生命体として再生進化を果たした姿。最高時速が750kmになり、ＲＸとともに敵を追跡。

↑光子を噴射する推進器・フォトンバーナーを使い、敵に突進。

↑車体はソーラーシコンという未知の物で形成されている。

↑突撃技・アクロバットバーンを繰り出し、敵を撥ね飛ばす。

↑高くジャンプし、前輪で敵の頭部を攻撃する戦法も見せた。

別次元への進入も可能!

　クライシス帝国に反抗する怪魔界の物理学者から託された設計図を基に、光太郎が製作。更にゴルゴムのクジラ怪人の生命のエキスを得て起動した重装騎マシン。最高時速は1500kmであり、異次元である怪魔界へも突入する事ができる。

ライドロン 怪魔界の科学者によって設計された重装騎マシン!

ロボイザー

アクロバッターが変形した、ロボライダー専用マシンで、最高時速800km。車体後部からバルカン砲を連射する。

マックジャバー

最高時速700kmで地上を走行し、水中活動も可能。バイオライダー専用の変形マシンである。

↑車体前部にある特殊金属製の顎・グランチャーで敵の体を挟む。

↑水中や水上、更に地中でもアクティブに活動できるマシンである。

↑自身の感情を持ち、人語を解してRXと意思疎通を行うことが可能。熱センサーやサーチ機能も装備している。

→マシンを超高速で走行させ、敵に体当たりする技・ライディングアローを繰り出す。

クライシス帝国

地球の影″怪魔界″より飛来した攻撃兵団！

民族の移住先として
地球を手中に収めようとする！

異次元世界に存在する地球の影、怪魔界の帝国からやってきた地球攻撃兵団。文明の発展とともに汚染や砂漠化といった環境破壊が加速度的に進んだため、人類を抹殺して50億のクライシス人を地球に移住させようと企て、日本をその戦略基地にすべく攻撃を仕掛けてきた。

（声の出演／納谷悟朗）

怪魔界に君臨！
クライシス皇帝

1000年前に帝国を建設！
1000年前に怪魔界に現れ、恐怖政治によって巨大なクライシス帝国を築き上げた独裁者。

（出演／松井哲也）

皇帝の分身体！
査察官ダスマダー大佐

攻撃兵団を監視！
皇帝の命を受け、地球攻撃兵団の活動を調査にきた査察官。その正体はクライシス皇帝自身。

（声の出演／森 篤夫）

官房長ロボ
チャックラム

地球攻撃の戦略データがインプットされた小型ロボ。空中を浮遊。

（声の出演／寺杣昌紀）

シャドームーン

地獄から蘇った影の王子。クライシス帝国と手を組む。

チャップ

4大隊長や怪魔戦士の指令の下、攻撃作戦を実行する一般兵士。

↑地球攻撃兵団は、クライス要塞を移動指令基地にする。

ジャーク将軍

地球攻撃兵団の最高司令官！

（声の出演／加藤精三・柴田秀勝）

厳しさと優しさを併せ持つリーダー！

地球攻撃兵団の4大隊を指揮する最高司令官。作戦に失敗した者や組織のルールを破った者をショック波で処罰する厳格な人物だが、特には部下を庇う事もあり、リーダーとしての意識も高い。

機甲隊長ガテゾーン

怪魔ロボット大隊を編成！

（声の出演／高橋利道）

自らロボットを製作！

クライス要塞内のメカを全て管理する機甲隊長で、怪魔ロボット大隊の指揮者。射撃の名手で、軍用バイク・ストームダガーやネオストームダガーを愛用した。

海兵隊長ボスガン

怪魔獣人の指揮官！

（声の出演／飯塚昭三）

プライドの高い軍人！

怪魔獣人大隊を率いる海兵隊長で、怪魔界のナイトの称号を持つ。プライドが高く、他の大隊長に後れをとる事を嫌う。

諜報参謀マリバロン

怪魔妖族を操る！

（出演／高畑淳子）

無数の妖術を使う！

怪魔界の貴族出身で、諜報参謀を務めると同時に怪魔妖族大隊を指揮。異次元空間を何万年も流離し、妖魔力を身につける。

牙隊長ゲドリアン

怪魔異生獣を率いる！

（声の出演／新井一典）

ゲドラー域の出身者！

怪魔異生獣大隊を率いる牙隊長。怪魔界で一番暗く寒いゲドラー域出身であり、地位への執着は他の3人よりも強い。

クライシス帝国 怪魔戦士

4タイプの戦士が存在し、優れたクライシス人に改造手術で動植物の機能を与えた怪魔獣人、妖魔力を持つ怪魔妖族、帝国の科学で製作された怪魔ロボット、怪魔界の生物を強化改造した怪魔異生獣がいる。

スカル魔スター

スカル魔部隊リーダー。機能停止ビームで光太郎を捕獲。

スカル魔

地球の調査と偵察が任務。鋭い鎌で敵の体を切り裂く。

キューブリカン

（声の出演／岸野一彦）

RXの抹殺のために出現。ナパーム弾とレーザーを発射。

ガイナギスカン

（声の出演／滝雅也）

RXと対等の決戦を望む、誇り高き戦士。槍を振るう。

ガンガディン

（声の出演／西尾徳）

ミサイルとビーム砲でRXドロンを破壊しようとする。

ガイナガモス

（声の出演／岸野一彦）

毒蛾ガイナンの針で人間を刺し、自分の分身に変える。

キュルキュルテン

（声の出演／森篤夫）

地球に前線基地を建設するために送り込まれた。3体出現。

武陣

（声の出演／末永貴久）

毒ガス衛星の設計図を奪い返す事が使命。刀で攻撃する。

ガイナマイド

（声の出演／依田英助）

人間とクライシス人の間に生まれた天才少女を狙う。

アッチペッチー

（声の出演／桑原たけし）

自身が持つ、人間をサボテン化する能力の強化が目的。

ドグマログマ

（声の出演／西尾徳）

口から出す粘液で人間を包み、クローン人間を作り出す。

スクライド

（声の出演／森篤夫）

スクラップの中に人間を幽閉し、生命エネルギーを吸収。

ズノー陣

（声の出演／岸野一彦）

人間の夢の中に侵入し、意のままに操る能力を持つ。

フラーミグラーミ

（声の出演／依田英助）

次元転換装置の動力源であるGクリスタルの奪取が任務。

デスガロン

（声の出演／森篤夫）

対RX専用に開発されたロボット。強力なパンチを打つ。

トリプロン（合体）

3体のロボットが合体した形態。目から破壊光弾を発射。

トリプロン1号

怪魔界に潜入した光太郎を探す使命を持つ。空中を飛行。

トリプロン2号

（声の出演／岸野一彦）

作戦に失敗したデスガロンの破壊が使命。手の鋏が武器。

トリプロン3号

（声の出演／斉藤茂）

2号との連係攻撃で敵を追い詰める。動作が素早い。

ネックスティッカー

（声の出演／西尾徳）

洗脳マシーンを使用し、改造された霞のジョーを操る。

ムサラビサラ

（声の出演／依田英助）

子供たちに毒の牙で噛みつき、ムササビ人間に変える。

クロイゼル

（声の出演／新井一典）

クライシスの人工太陽を破壊する力を持つ磁力砲を奪う。

ビャッ鬼

（声の出演／滝譲延）

銀行の金塊を奪取し、皇帝に黄金宮殿を捧げようとする。

バングゴング

（声の出演／桑原たけし）

反皇帝派のクライシス人の抹殺が使命。人間の影に潜入。

アントロント

（声の出演／岸野一彦）

強烈な砂竜巻と地鳴りを発生させ、RXに襲いかかる。

ガイナバラス

（声の出演／斉藤茂）

少年が偶然手にいれた細胞転換装置のキーボードを狙う。

リックバック

（声の出演／依田英助）

クライシス人のカミラ族を増殖しようとする。爪が武器。

ガイナカマキル

（声の出演／斉藤茂）

皇帝に蟷螂生まれの5人の花嫁を捧げる。拳法技を発揮。

シミュレーション
ロボライダー

怪魔稲妻剣の試し切りに使われた、実験用アンドロイド。

異世界の怪魔戦士

ジャーク将軍の力で過去の世界に送られたRXを襲う。

ガイナギンガム

（声の出演／岸野一彦）

光太郎を仲間から孤立させようと画策。首だけでも活動。

マットボット

（声の出演／西尾徳）

高性能爆弾で富士山を噴火させようとする。地中を移動。

ギメラゴメラ

（声の出演／斉藤茂）

クライシス兵を蝶に変え、人間に憑依させる事が目的。

ムンデガンデ

（声の出演／依田英助）

各地の貯水池の破壊が使命。背中から巨大ムカデを飛ばす。

メタヘビー

（声の出演／斉藤茂）

怪魔界へ水を供給する水の城のガードが使命。

エレギトロン

（声の出演／岸野一彦）

体を電気エネルギーに変化させ、送電線を移動。

岩魔

（声の出演／桑原たかし）

マリバロンの戦闘を補佐。体の再生能力を持つ。

ガツラゲゾラ

（声の出演／徳丸完）

体に新型高性能火薬を内蔵。破壊光線を撃つ。

シュライジン

（声の出演／岸野一彦）

超能力少年を利用し、四国の空母化を企てる。

ウィル鬼

（声の出演／依田英助）

体をミクロ化し、光太郎を体内から攻撃する。

バルンボルン

（声の出演／西尾徳）

超人グレートマスクに変身し、子供たちを洗脳。

ガイナニンポー

（声の出演／神山卓三）

獣人忍者部隊を指揮し、光太郎に襲いかかった。

天空

（声の出演／木村有里）

地下王国建設のため、労働力となる人間を集める。

スピングレー

（声の出演／森篤夫）

ミニ4WDに変身し、作戦に必要な少年を拉致。

ガイナジャグラム

（声の出演／徳丸完）

強化細胞増殖装置が設置された団地を警護する。

百目婆ア

（声の出演／伊倉一恵）

マリバロンの大伯母。巨大な目に変身して攻撃。

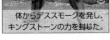

ゲドルリドル

（声の出演／丸山詠二）

ゲドリアンの細胞から製作。RXのエネルギーを吸収する。

ヘルガデム

（声の出演／桑原たかし）

体からデススモークを発し、キングストーンの力を封じた。

グランザイラス

（声の出演／岸野一彦）

皇帝の命により、RX抹殺のために怪魔界からきた怪人。

霊界怪人

マリバロンの妖魔力で怪魔霊界から蘇った不死身の亡霊。

ジャークミドラ

（声の出演／柴田秀勝）

ジャーク将軍が、皇帝の怒りの力で怪人にされた姿。

11人ライダー

クライシス帝国との全面対決を前に
北米・アリゾナより帰還！

10人の仮面ライダーの応戦に熱い友情を感じた南 光太郎は、彼らの一員に加わる事を決意。ここに11人ライダーが誕生。

↑10人の仮面ライダーと霞のジョーたちの友情に支えられ、ＲＸはグランザイラスに戦いを挑む。

↑それぞれの技の威力を高めるため、激しい模擬戦を実施した。

↑光太郎を中心に、ライダーたちは秘密のアジトで作戦を立てる。

↑10体の亡霊怪人の襲撃に得意の戦法で立ち向かった。

↑強敵グランザイラスに敢然と戦いを挑む1号、ストロンガー。

↑2号、ライダーマン、ＺＸはジャーク将軍に3方攻撃を展開。

←ＲＸを抹殺しようと襲撃してきたグランザイラスの前に、仮面ライダー1号が立ちはだかる。

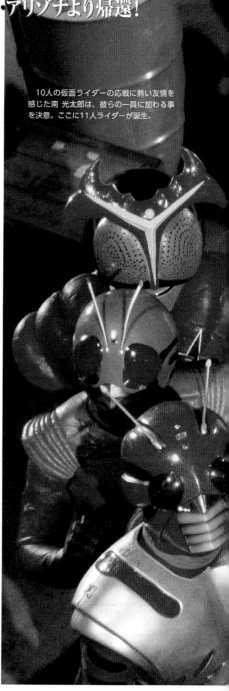

RXの戦いを支援！

　悪の組織を次々と壊滅させた歴代のライ
ダーたちは、世界各地で正義の戦いを続け
ていた。そんな折、クライシス帝国の日本
総攻撃計画を察知した1号は、仲間のライ
ダーを北米・アリゾナに集合させ、敵との
全面対決に備えて猛特訓を行い、日本に帰
国。巨大な帝国を相手に孤軍奮闘していた
ＢＬＡＣＫ ＲＸと合流し、彼を含めた11
人ライダーが結成されるのであった。

恐るべき異形の"創造"

闇に光る爪と牙！

製作スタッフ
原作／石ノ森章太郎　エグゼクティブプロデューサー／村上克司（バンダイ）　企画／吉川進　プロデューサー／鵜之沢伸・久保聡（バンダイ）・堀長文・白倉伸一郎（東映）　脚本／宮下隼一・小野寺丈　監督／辻理　アクション監督／金田治・山田一善（ジャパン・アクション・クラブ）　特撮監督／矢島信男　音楽／宇崎竜童一和田薫・松浦善博　音楽プロデューサー／峰松毅　撮影／瀬尾脩　照明／吉村光巧　美術／内田欣哉　録音／柿沼紀彦　整音／太田克己　編集／菅野順吉　助監督／荻原雅宏　キャスティング／酒井福夫　カースタント／武士レーシングチーム　キャラクター製作／レインボー造型企画　変身コーディネイター／雨宮慶太　バッタクリーチャー製作／竹谷隆之・中原誠・韮澤靖・高橋雅人　ダミーヘッド製作／高柳祐介・阿部正俊　ダミーヘッドメカニカル製作／木村明彦　特殊メイク／佐和一弘・笠井晶次郎　ＣＧ／篠原保　(株)特撮研究所　操演／鈴木昶・尾上克郎　撮影／高橋政千　美術／佛田洋　進行主任／佐野仁　製作担当／市倉正男　製作／東映・東映ビデオ

真仮面ライダー序章
（仮面ライダーシン）

1992年(平成4年)2月20日ビデオ販売・レンタル開始

風祭 真

（出演／石川功久）

意思と異なる改造実験の被験者にされたオートレーサー！

↑極度に感情が高まると、細胞が活性化して改造兵士の姿になる。

↑500ccクラス世界GPでの優勝を目指すオートレーサーだった。

↑恐るべき改造実験の犠牲者となってしまう。

↑愛する女性を殺され、彼の怒りは頂点に……。

↑知能指数250。人間の4倍の運動力を発揮。

主要登場人物

明日香 愛
（出演／野村裕美）

財団の指令で真と行動しているうちに、彼を愛してしまった女性。

風祭大門
（出演／石濱朗）

真の父親で臨床的免疫工学の権威。財団に誘われ、実験に参加。

結城卓也
（出演／高嶋政伸）

真のレーサー時代の親友。実験の被験者となった彼を心配する。

セーラ深町
（出演／塚田きよみ）

財団の動きを調査する、CIAの工作員。真の命を救おうとした。

死の商人〝財団〟と対決！

　城南大学体育学部を卒業したスポーツ万能の青年。財団の下部組織である生化学研究所で研究を続ける父を助けるため、自ら志願して浸食性遺伝子細胞の被験者となり、レベル3改造兵士（サイボーグ・ソルジャー）へと変貌を遂げる。

仮面ライダーシン

← 垂直で約114m、幅跳びで232mの跳躍力を発揮できる。

↑生態は、既に人間よりもバッタに近くなってしまっている。

→あくまでも生物のため、700〜800℃の火炎の中では約5分間しか体が耐えられない。

↑腕と脚の棘、スパインカッターは、折れても短時間で再生が可能

バッタの遺伝子を合成された改造人間"レベル3"!

局地戦汎用の改造兵士（サイボーグ・ソルジャー）

財団が商品として開発した究極の改造兵士で、人間にバッタの遺伝子を合成するシステム・レベル3の第1号。その戦闘力は人間の10倍以上で、場合によっては1体で歩兵中隊にも勝る。まさに最強の局地戦汎用ゲリラコマンドになるはずであった。

→甲殻部分は、セラミックの5倍の強度。皮膚は衝撃の75%を吸収する。

↑手のハイパイプ・ネイルでネットを切り裂く。

↑4200kgのキック力を有し、100mを3.34秒で走破する。

ミュータントベビー

愛の胎内に宿った真の子供。バッタとの融合が自然なミュータントでテレパシー等の超能力を発揮し、真に危機を伝える。

本能！強靭な肉体を生かし、敵を急襲！

↑豪島の右腕に装備された鋏が、シンの体を切り裂く

↑レベル3とレベル2、新旧の改造兵士が激突する。

↑敵の凄まじい攻撃に、シンはなす術もなかった。

↑一瞬の反撃。シンが豪島の体から脊椎ごと首を抜いた。

極限まで活性化された瞬発力、跳躍力、腕力！

　財団を壊滅寸前に追い込んだシンの前に、レベル2の改造兵士に変身した豪島が出現。多くの戦闘経験を積んだ豪島のパワフルな戦法にシンは苦戦するが、敵の体内メカのわずかな狂いに乗じて反撃を開始。腕の怪力で豪島の首を引き抜き、勝利を手にする。

財団
正体不明の企業複合体！

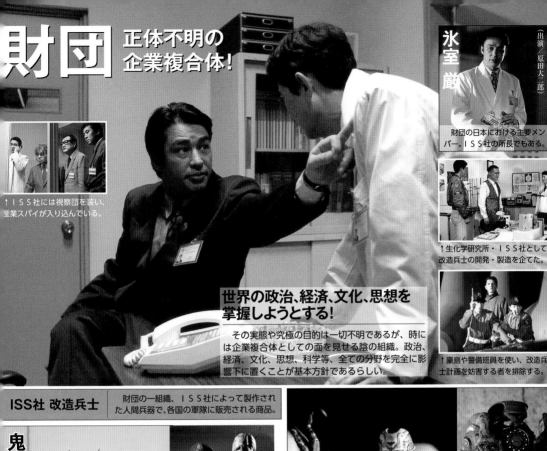

↑ISS社には視察団を装い、産業スパイが入り込んでいる。

世界の政治、経済、文化、思想を掌握しようとする！

その実態や究極の目的は一切不明であるが、時には企業複合体としての面を見せる陰の組織。政治、経済、文化、思想、科学等、全ての分野を完全に影響下に置くことが基本方針であるらしい。

氷室 巌
（出演／原田大二郎）

財団の日本における主要メンバー。ISS社の所長でもある。

↑生化学研究所・ISS社として改造兵士の開発・製造を企てた。

↑豪島や警備班員を使い、改造兵士計画を妨害する者を排除する。

ISS社 改造兵士

財団の一組織、ISS社によって製作された人間兵器で、各国の軍隊に販売される商品。

鬼塚変身体（レベル3）

↑ハイパイプ・ネイルやスパインカッターで敵を倒す。

鬼塚義一
（出演／片岡弘貴）

自らを実験体にし、改造兵士の研究を行っていた科学者。

鬼塚が自身の体を改造した姿。夜な夜な変身を遂げ、殺人を繰り返した。体力的には強くない。

↑頭部には自爆装置があり、生命活動が停止すると爆発。

豪島
（出演／安藤麗）

氷室の後ろに控えている謎の男で、優れたスナイパー。

豪島変身体（レベル2）

豪島がレベル2の技術で体細胞を強化され、機械改造を受けた姿。戦闘兵士の本能で、シンを抹殺しようとする。

仮面ライダーZO

1993年(平成5年)4月17日劇場公開

製作スタッフ
原作／石ノ森章太郎　製作／渡邊亮徳（東映）・山科 誠（バンダイ）　企画／村上克司（バンダイ）・吉川 進（東映）　プロデューサー／渡辺 繁・久保 聡（バンダイビジュアル）・堀 長文・角田朝雄（東映）　脚本／杉村 升　監督／雨宮慶太　アクション監督／金田 治（ジャパン・アクション・クラブ）　技闘補／村上 潤（ジャパン・アクション・クラブ）　音楽／川村栄二　音楽プロデューサー／峰松 毅　撮影／松村文雄　照明／才木 勝　美術／高橋昭彦　特殊技術／國米修市　ビジュアルエフェクトスーパーバイザー／松本 肇　録音／太田克己　編集／菅野順吉　選曲／金成謙二　音響効果／森 賀一　記録／安藤豊子　助監督／古庄 淳ほか　ネガ編集／長田直樹　現像／東映化学　カースタント／武士レーシングチーム　キャラクターデザイン／雨宮慶太　キャラクター製作／レインボー造型企画　前沢 範　クリーチャースーパーバイザー／竹谷隆之　クリーチャー造形／高柳祐介・BADGE　クリーチャーモーションメカニカルデザイン／高山克彦　アニメーションエフェクト／橋本満明・沖 満　マットアート／上遠野恵介　コンピューターグラフィックス／篠原 保　ロトスコープ／進藤智子　エフェクト撮影／杉木信章・長都恭平　CG出力／富士プレゼンテック株式会社　キャスティング／酒井福夫　製作主任／富田幸弘　企画協力／バンダイビジュアル　製作協力／東映東京撮影所　東映・バンダイ提携作品

謎のテレパシーに呼応し、4年間の眠りから覚醒した緑の戦士！

↑あまりに優れた能力を持っていたため、望月の研究に利用された。

↑変身前でもドラスのモンスターと互角に戦う力を持っている。

↑ミュータントバッタに導かれ、ドラスとの決戦場に向かった。

↑望月に対する私怨を捨て、彼の息子、宏をネオ生命体から守る。

主要登場人物

（出演／柴田翔平）
望月 宏

望月の息子。行方不明になった父に深い思慕を寄せている。

（出演／佐々木 功）
望月博士

ネオ生命体を創造する魅力に取りつかれ、歪んだ改造実験を行う。

（出演／犬塚 弘）
望月清吉

宏の祖父で、街の発明家。麻生からZO誕生の秘密を聞かされる。

玲子（出演／森永奈緒美）

宏と交流がある、武道道場の師範代。宏を守ってクモ女と対決。

（出演／土門 廣）

麻生 勝

改造された憎しみを乗り越え、少年をネオ生命体から守る！

ネオ生命体実験の材料にされる！

臨床遺伝子工学の権威、望月博士の助手を務める、明晰な頭脳と強靭な肉体を持った青年。恩師の手でバッタの細胞を利用したネオ生命体実験の被験者にされてしまい、失意の中、洞窟内で４年間の眠りについていた。しかし、突然鳴り響いた懐中時計の音で覚醒し、ネオ生命体・ドラスから人類を守る救世主・仮面ライダーZOとして正義の戦いを開始する。

↑ネオ生命体完全体のドラスよりは、能力が劣る。

↑つま先に全エネルギーを集中させ、必殺技・ZOキックを繰り出す。

↑大自然のエネルギーを吸収し、未知のパワーを発揮。

↑130mの跳躍力を生かし、ドラスからのマリキュレイザー攻撃を回避。

仮面ライダーZO

体内にバッタの遺伝子を組み込まれた改造人間！

怒りの感情が頂点に達すると、口からクラッシャーが飛び出し、後頭部のスリットから気のエネルギーが噴出する。

↑ネオ生命体からのあらゆる攻撃にも
耐える、強いボディーの持ち主。

↑敵のクモ女が発生させた異空間に突入
し、捕らわれていた玲子と宏を救出した。

↑宏を襲うドラスと対
決するため、Zブリン
ガーに乗って登場。

↑厚さ20cmの特殊合
金板を打ち抜く、強烈
なパンチを撃ち出す。

↑宏を拉致したドラスを追って、ネオ
生命体のアジトに急行。

↑ネオ生命体の本体である生命のプー
ルを攻撃し、破滅に追い込む。

全身に未知数の戦闘力・能力を内包!

生命倫理を失った望月博士によって改造された人工生命・
ネオ生命体の実験体第1号。素材である麻生の体にバッタの
遺伝子が組み込まれており、未知数ともいえるバッタの超運
動能力、超感覚、超生命力を有しているが、人間としての感
情は残った。手術後、4年間大地の懐に抱かれていたため、
大自然の使者として復活する。

愛憎！

ネオ生命体同士が求める 愛を賭けた死闘！

↑空中を跳躍しながらレイザーを回避するZOを、ドラスはなおも追撃。

↑初対決の際、ZOはドラスの怪力によって空中へ投げ飛ばされてしまう。

↑ドラスの追撃の手は緩まず、ZOは早くも危機を迎える事となった。

↑ZOは、奇襲によってドラスの右腕を破壊するが、敵はメカアームを作り出し、攻撃してくる。

↑Zブリンガーで突撃し、ドラスを鉄骨に串刺しにするが、敵は瞬時に再生した。

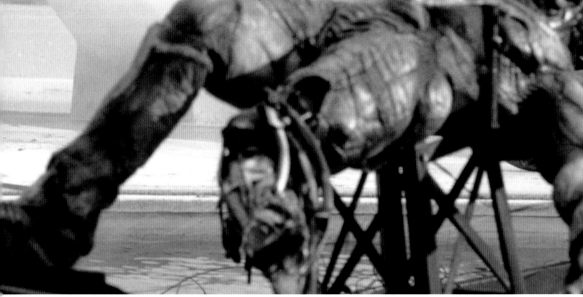

異形なる新生命体の激突!

創造主である望月博士の愛を独占し、より完全な力を得ようとするドラスと、敵の魔手から宏を守ろうとするZO。2体のネオ生命体は、己の目的のために激しい激突を繰り返した。

↑ドラスの細胞から誕生したモンスター、クモ女が生み出した異空間で、激しいバトルを展開。敵の足を奪い、体を貫く。

↑宏を捕らえ、飛翔したもう一体の刺客、コウモリ男をZブリンガーで追跡。

↑ドラスが再び出現。マリキュレイザーの直撃を浴びるが、ZOは怯まない。

↑完全なネオ生命体であるドラスに対し、全力で立ち向かうZO。

↑パンチを放った際、ZOはドラスの体内に吸収されてしまうが……。

←ネオ生命体のアジトに到着したZOを、コウモリ男が狙う。敵の空中突進を受け止め、パンチを決める。

↑ZOはドラスの体内から脱出し、キックで敵を粉砕。ネオ生命体の本体に挑む。

麻生の常用バイクが変形!

　ＺＯへの変身の際に放出される大自然のエネルギーの影響で麻生 勝のオートバイが変形したスーパーマシンだが、その製作者は解っていない。最高時速1300㎞、ジャンプ力30mを誇る。

↑敵めがけて凄まじい威力の突進攻撃を繰り出す。

↑突撃で発生する衝撃や高熱にも耐えるボディー。

↑カウルはＺＯのボディーに酷似しているが、理由は不明。複眼部分がヘッドライトになる。

↑あらゆる地形や天候でも安定走行が可能な万能マシンである。

↑ネオ生命体のアジトから救出した宏を後部に乗せ、疾走する。

Ｚブリンガー
大自然のエネルギーで活動する特殊マシン!

ネオ生命体

望月博士が創造した完全なる生命体！

（声の出演／湯沢真伍）

↑生命維持装置を兼ねたプールから長時間離れられない事が弱点となる。

自らが神となろうと企てる！

望月博士が創造した、肉体や感情を持たない生命体で、成長途中で博士に反抗し、自らが神になろうと企てる。完全なる生物で、プールから出現する際には、少年を模した姿で出現した。

ドラス

ネオ生命体が生み出した、金属生命体！

周囲の物質を吸収！

ネオ生命体が戦闘用に生み出した金属生命体。尻尾を6m以上にも伸ばし、敵の体を激しく打ちのめす。

一定の姿を持たず、必要に応じて球体等に変形。

体を損傷しても、周囲の物質を融合して再生する。

ドラスのモンスター

ドラスが自身の細胞を放出して誕生させた怪物。ドラスの意思のままに活動し、ZO攻撃や宏の拉致を実行。

クモ女

クモの姿と能力を持った怪物。異空間を発生させて敵を誘い込み、口から吐く糸で攻撃する。

コウモリ男

最大翼長7mの翼をはばたかせ、時速500kmで空中を飛行。また、人間に変身する能力も有する。

赤ドラス

ドラスがZOを体内に融合！

より強力となった金属生命体！

ドラスがZOを体内に吸合融合した形態。2体の戦闘力・能力を併せ持った究極の怪物である。

仮面ライダーJ

1994年（平成6年）4月16日劇場公開

地球生命体の滅亡を阻止する 大地の巨大神！

製作スタッフ

原作／石ノ森章太郎　製作／渡邊亮徳（東映）・山科誠（バンダイ）　企画／村上克司（バンダイ）・吉川進（東映）　プロデューサー／久保聡（バンダイビジュアル）・堀長文・角田朝雄（東映）　脚本／上原正三　監督／雨宮慶太　アクション監督／金田治（ジャパン・アクション・クラブ）　特撮監督／矢島信男・佛田洋　音楽／川村栄二　撮影／松村文雄　照明／才木勝　美術／高橋昭彦　特殊技術／國米修市　ビジュアルエフェクトスーパーバイザー／松本肇　録音／太田克己　編集／菅野順吉　選曲／金成謙二　音響効果／森賢一　記録／佐間清子　助監督／神園浩司ほか　ネガ編集／長田直樹　現像／東映化学　カースタント／武士レーシングチーム　キャラクターデザイン／雨宮慶太　キャラクター造型／レインボー造型企画　前沢範　クリーチャースーパーバイザー／竹谷隆之　バッタ・クリーチャー造型／高柳祐介・BADGE　特殊造型／小杉和次　アニメーションエフェクト／橋本満明・沖満　マットアート／上遠野恵介　コンピューターグラフィックス／篠原保　ロトスコープ／進藤智子　エフェクト撮影／杉木信章・長部恭平　CG出力／富士プレゼンテック株式会社（株）特撮研究所　操演／鈴木昶・尾上克郎・原口ゆう　撮影／高橋政千・中桐伸治・武田素央　照明／林方谷・保坂芳美・水野貴　美術／木植健次・横井豊・寒河江弘ほか　視覚効果／日本エフェクトセンター　飯塚定雄　アクション監督／村上潤　製作主任／藤沢克則　企画協力／バンダイビジュアル　製作協力／東映東京撮影所　東映・東映ビデオ・バンダイ提携作品

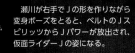
瀬川が右手でJの形を作りながら変身ポーズをとると、ベルトのJスピリッツからJパワーが放出され、仮面ライダーJの姿になる。

瀬川耕司

（出演／望月祐多）

自然と人間を守る フリーカメラマン！

↑自然との共存を模索するアウトドア派の青年である。

↑小動物のお墓を作る加那の優しさに共感し、友人となった。

↑フォッグの執拗な攻撃にもまったく怯まず、全力で挑戦していく。

主要登場人物

木村加那
（出演／野村佑香）

自然破壊を憂いている少女。フォッグの御子に選ばれてしまう。

地空人

（出演／内田修司・永野百合香）
大地の精霊のエネルギーを糧とする一族。地底の奥深くに棲む。

↑瀬川が持つ自然を愛する心が地空人に認められ、Jパワーを与えられる。

地空人から大地の力 "Jパワー"を与えられる！

環境保護を目的として自然破壊の現状を調査するネイチャーカメラマン。取材中に偶然出会った少女、木村加那を謎の集団、フォッグから守ろうとして命を失うが、地底に生息する一族・地空人によって蘇生・改造手術が施され、Jパワー（精霊の力）を秘めた戦士、仮面ライダーJとして復活する。

仮面ライダーJ

↑Jの全身には自己再生能力があるらしい。

↑コブラ男が発射した巨大な爪を、腕の怪力で引き抜く。

↑Jの体に、大地から無限のエネルギーが供給されている。

↑激しい闘志を漲らせ、フォッグマザーの内部を破壊。

地球自体のパワーを吸収し、戦闘力・能力を発揮!

↑自然と一体化し、フォッグの野望を打ち砕いていく。

【声の出演・愛河里花子】

ベリー

フォッグを偵察し、Jに的確なアドバイスを与えるバッタ。

強大な腕力・脚力と
自己再生能力を持つ!

体内に漲るJパワーを発揮し、敵の攻撃による負傷を瞬時に再生する無敵の戦士。バッタの戦闘力・能力を持ち、強化筋肉から繰り出されるパンチ、キックの破壊力でフォッグの怪人を粉砕していく。また、150mの跳躍力を発揮する。

巨大化したJ！
ジャンボフォーメーション

大自然の力が集結し、誕生！

大地に宿る全ての精霊たちのエネルギーがJの体に集中し、誕生した身長40mの巨大戦士。

↑超強力なJキックでフォッグマザーを粉砕した。

↑巨大化後も敵めがけて素早い攻撃を展開する。

ベリーの協力をうけ、フォッグとの決戦に突入していく仮面ライダーJ。その心に恐れはない。

↑空中高く飛翔し、崖を登るトカゲ男を攻撃。地上に落下させた。

↑ジェイクロッサーを駆使し、ハチ女に立ち向かう。

←トカゲ男の尻尾を首に巻かれ、勢いよく投げ飛ばされるが、すぐに体勢を立て直す。

→突進してくるトカゲ男の眉間にJパンチが命中。敵は弾き飛ばされて爆死する。

空中から襲いかかってきたハチ女に、マシン技・ジェイストライクが炸裂。

侵略から生命を守る聖戦！

抹殺したはずの瀬川耕司の生存を知り、フォッグが猛攻撃を仕掛けてきた。瀬川は仮面ライダーJに変身し、体内から発揮されるJパワーを使ってフォッグが送り出す異形の怪人たちを次々と粉砕。遂には巨大なジャンボフォーメーションとなり、機械獣母艦フォッグマザーに勝利する。

↓戦力が低下したハチ女にパンチ攻撃。苦しんだ敵はJを抱えて母艦へ向かった。

大地から湧き出る"Jパワー"を
全身に漲らせ、悪を撃つ!

↑フォッグマザー内部で、コブラ男と対戦。敵の剣の技に翻弄される。

↑続いてコブラ男の鞭に捕まり、Jは動きを封じられてしまう。

↑体内のJパワーを発動させて鞭を振りほどき、必殺のJキックを撃ち込み、強敵コブラ男を撃破する。

↑ジャンボフォーメーションとなり、フォッグマザーに挑戦。

↑フォッグマザーの内部に存在するマザーの本体を激戦の果てに倒す。

↑フォッグマザー機銃一斉発射に苦戦するも、Jキックで反撃した。

↑仮面ライダーZOと共闘し、シャドームーンの再生怪人軍団に挑む。

↑巨大化したシャドームーンにジャンボフォーメーションで対抗。

↑水飛沫を立て、高速疾走
をするジェイクロッサー。

高い機動性、速力を誇る！

　瀬川耕司のオートバイが仮面ライダー」の体か
ら放出されるJパワーによって変身を遂げた姿。
高い機動力を誇り、岩場や砂地等、如何なる悪条
件の場所でも最高時速1330㎞をマークする事が
可能なスーパーマシンである。

↑連続でアクセルターンをしな
らジェイクロッサーへと変形した

↑大自然の力を受け、ジ
ェイクロッサーの性能は
更に進化していくらしい。

↑90mのジャンプ力で、敵の爆破
攻撃を一気に飛び越えた。

ジェイクロッサー
瀬川のオートバイが˝Jパワー˝によって変形！

フォッグ

地球に千年王国を建設しようと企む、宇宙軍団！

7000万年前に地球の恐竜を滅した！

女帝フォッグマザーが操る機械獣母艦に乗り、生命体を捕食しながら全宇宙を旅する怪人集団で、地球に千年王国を造る事が目的。7000万年前にも地球に飛来し、恐竜を全滅させている。

アギト（出演／栗原敏）
3幹部の一人で、かなりの自信家。瀬川を死に追いやった張本人。

ガライ（出演／神威杏次）
フォッグの第1王子であり、幹部を指揮する冷酷なリーダー。

ズー（出演／万里洋子）
組織の女性神官。大孵化の儀式に必要な生贄を探す能力に長ける。

機械獣母艦 フォッグマザー（声の出演／佳山真梨穂）

怪人と機械が一体化した姿！

大量の怪人の卵を搭載する！

フォッグマザー本体がコントロールする巨大母艦。その内部には怪人の卵が無数に安置されている。

↑フォッグマザー本体は、1000年に一度行われる怪人の卵の大孵化を地球で成功させようとする。

フォッグ 怪人

フォッグマザーの卵から誕生し、幼体の姿から怪人へ成長を遂げた姿。凄まじい戦闘力を持つ。

コブラ男（声の出演／神威杏次）

ガライが変身する怪人で200エクトル（2000kW）のパワーを発揮。必殺剣・ガライソードで攻撃する。

ハチ女（声の出演／万里洋子）

頭部の羽根を使い、時速870kmで空中を飛行する怪人で、ズーが変身。掌からパームニードルを撃ち出す。

トカゲ男（声の出演／栗原敏）

アギトが変身した怪人。全身を覆う硬質の皮膚であらゆる攻撃を跳ね返し、鋭い牙で敵の体をかみ砕く。

シャドームーン

Jが対戦した〝影の王子〟。巨大化能力を持つ。

再生怪人軍団
シャドームーンの指揮の下、Jたちを襲う。

仮面ライダー大全　昭和編
キャラクター大全縮刷版

2021年7月16日　第1刷発行

講談社編

編集・構成・執筆	小野浩一郎（エープロダクション）
デザイン	ガナス
縮刷版デザイン	飯田真紀（Heliopolis Inc.）
監修	石森プロ・東映

発行者	鈴木章一
発行所	株式会社講談社
	〒112-8001　東京都文京区音羽2-12-21
電話	03-5395-4021（編集）
	03-5395-3625（販売）
	03-5395-3615（業務）

 KODANSHA

印刷所	共同印刷株式会社
製本所	大口製本印刷株式会社

N.D.C.778　240p　20cm
ISBN978-4-06-524529-3